초짜 사장님들을 위한 부자 되는 절세 이야기

창업회계학교 개인사업자 편

초짜 사장님들을 위한 부자 되는 절세 이야기

창업회계학교 개인사업자 편

초판 3쇄 발행 | 2020년 5월 22일

지 은 이 | 심재호, 정재학
발 행 인 | 김영희

정리·구성 | 비즈업
편 집 | 이상숙
발 행 처 | (주)와이에치미디어(프리이코노미북스)
등록번호 | 2017-000071호
주 소 | 08054 서울특별시 양천구 신정로 11길 20
전 화 | 02-3771-0245
팩 스 | 0502-377-0138
홈페이지 | www.yhmedia.co.kr
E-mail | fkimedia@naver.com
I S B N | 978-89-6374-240-3 03320
정 가 | 1만 5,000원

이 도서의 국립중앙도서관 출판예정도서목록(CIP)은 서지정보유통지원시스템 홈페이지(http://seoji.nl.go.kr)와 국가자료공동목록시스템(http://www.nl.go.kr/kolisnet)에서 이용하실 수 있습니다.
(CIP제어번호 : CIP2017005229)

초짜 사장님들을 위한
부자 되는 절세 이야기

심재호 · 정재학
공저

개인사업자 편

창업회계학교

책을
펴내며
1

CEO란 무엇일까?

사전적 의미로 'CEOChief Executive Officer'란 최고경영책임자 혹은 최고의사결정자로 어느 회사, 단체 등의 총체적인 경영을 책임지는, 가장 높은 위치에 있는 경영자라고 되어 있다. 즉, CEO는 항상 선택의 연속인 상황에 처해 있다. 창업을 해서 회사를 경영한다는 것은 'A'부터 'Z'까지 온전히 자신이 책임을 지는 일이다. 비록 유능한 직원들이 선택을 도와줄 수는 있어도 결국 최종 선택은 창업자의 몫이다.

창업자가 선택해야 할 건 부지기수다. 조그마한 음식점을 경영하는 사장님도, 수천억 원대의 매출액을 올리는 제조업체 사장님도 쉴 새 없이 선택의 기로에 놓이는 건 매한가지다. 필자가 15년 이상 셀 수 없을 만큼 많은 사장님들을 만나본 결과 그들의 대체적인 소망은 온전히 제품생산과 매출(판매)에만 몰두하고 싶다는 것이었다.

생산과 판매를 잘하는 것은 물론 중요하다. 그러나 그것들을 뒷받

침 할 만한 관리가 없다면 사상누각沙上樓閣에 불과할 것이다. 그래서 창업자들은 생산·판매 외에도 회계·세무·인사·조직 등 관리의 영역을 잘 알아야 한다. 잘 알아야 잘 지시할 수 있을 테니 말이다.

이 책은 크게 두 권으로 구성될 예정이다. 이번 편은 자연인이 창업을 하는 과정과 그 과정에서 정책자금 등 지원을 받을 수 있는 방법, 비교적 적은 규모인 개인사업자로 사업을 영위할 때 알아야 할 회계·세무, 법인전환 등에 관한 내용으로 구성된 개인사업자 편이다.

이후 법인사업자 편에서 법인사업자로서 알아야 할 회계·세무, 인사관리, 기업공개, 가업승계 등 법인 사업 전반에 관한 내용들을 다룰 예정이다.

과연 필자가 이런 책을 쓸 능력이 될까 고민하고 있을 때 응원을 아끼지 않았던 비즈업의 유병온 대표님과 김영희 대표님을 비롯해 이 책의 편집 및 출판을 담당해주신 FKI미디어 임직원분들, 책의 전반적인 내용을 감수해주신 홍상기 세무사님께 감사를 드린다.

마지막으로 오늘날까지 묵묵히 못난 자식을 지켜봐 주신 양가 부모님과 사랑하는 아내, 그리고 멋진 아들·딸(정수현, 정윤수, 심연우)에게 이 책을 바친다.

2017. 3

심재호, 정재학 회계사

책을
펴내며
2

회계·세무,
어렵다고 피할 일 아니다

국세청 기준 지난 2010년 말 국내 사업자 수는 560만 명. 이 가운데 법인이 아닌 개인사업자로 등록된 이는 몇 명이나 될까. 놀라지 마시라. 504.5만 명, 무려 90.1%나 된다. 그러니까 대한민국에서 창업한 사람 10명 가운데 9명이 개인사업자다.

사람 기준이 아닌 사업체를 기준으로 봐도 상황은 비슷하다. 2010년 기준 국내 총 사업체 335.5만 곳 가운데 법인은 44.6만 개(13.3%). 반면 개인사업체는 279.3만 개(83.2%)에 이른다. 그럼 개인사업체 가운데 종사자 수 4인 이하의 '영세' 개인사업체는 얼마나 될까. 256.3만 곳으로 전체의 91.8%에 달한다. 심지어 직원이 한 명도 없는 개인사업주가 71.4%나 되니 대한민국의 사장님 대부분이 하루 벌어 하루를 견디고 있다고 해도 과언이 아니다.

이처럼 먹고 사는 일만 해도 버거운 개인사업자들에게 회계·세무

등등은 여간 골치 아픈 일이 아니다. 하루하루의 매출·매입을 기록하고, 그 증거를 보관하는 일. 난립한 여러 재무적 수치를 가지런히 배열하고, 그 경영적 셈법을 따지는 일은 웬만한 회계 지식을 갖춘 사람도 쉽지 않다. 그런데 이걸 제대로 해내지 못하면 안 내도 되는 세금을 내야 하고, 아낄 수 있는 세금을 못 아끼는 수도 있으니 마냥 피한다고 될 일도 아니다.

이처럼 피하고만 싶은 회계·세무의 절벽 앞에서 좌절하는 개인사업자들에게 이 책은 스마트한 길잡이가 될 수 있도록 여러 정보를 담으려 노력했다. 개인들이 사업을 영위하는 데 꼭 필요한 회계 지식은 물론 알아두면 당장 득이 되는 '절세' 꿀팁도 소개한다. 사업계획서 작성이나 영리하게 폐업하는 법 등 창업·재창업에 필요한 실무지식도 담았다.

이 책은 회계사 두 분께서 10년 이상 만나본 대한민국 사장님의 고민을 밑거름으로 삼고, 여기에 두 분의 내공을 더해 만들어졌다. 비즈업은 두 분이 써주신 소중한 원고를 정리하는 일을 맡았다. 난해하기 짝이 없는 회계·세무 지식을 '경영에 경자도 모르는' 필자까지 이해할 수 있도록 쉽게 풀이해주신 두 분께 깊은 감사의 인사를 전한다.

비즈업도 이제 갓 창업의 길에 들어선 풋내기 미디어다. 지금껏 회계·세무 관련 일은 도망치기 바빴는데 이 책을 정리하며 많은 것을 알았고, 얻어갔다. 이 책을 접할 대한민국의 사장님들도 그랬으면 좋겠다.

2017. 3
비즈업 대표 유병온

목차

책을 펴내며

1장. 창業스쿨
초보 창업자가 알아야 할 기초 세무상식

2장. 부자 되는 첫걸음
'절세'하고 싶다면 알아야 할 세무지식

part 1

창業스쿨

초보 창업자가 알아야 할 기초 세무상식

01
나는 개인사업자인가, 법인사업자인가?

한번 알긴 힘들지만 제대로 익히기만 하면 성공 창업의 가장 큰 무기가 되는 회계·세무 지식. 그 첫 번째 순서는 바로 '창업, 개인사업자냐 법인사업자냐…그것이 문제로다'이다.

창업, 개인사업자냐 법인사업자냐…그것이 문제로다

가슴엔 사표를, 머리엔 세상을 뒤흔들 아이디어를 품은 홍길동 씨. 성공이라는 장대한 희망을 안고, 창업의 첫 닻을 올렸다. 항해를 시작하자마자 맞닥뜨린 첫 갈림길. 바로 사업체의 인격을 무엇으로 할 것이냐 하는 점이다. 사업체는 그 성격에 따라 여러 형태로 설립이 가능하지만 대부분의 사업자들은 둘 중 하나를 선택한다. '개인사업자' 아니면 '법인사업자'.

개인사업자와 법인사업자는 각각의 장단점이 뚜렷하고, 특히 어떤 선택을 하느냐에 따라 부담해야 할 세금 규모도 달라 창업에 앞서 신중히 고민해야 할 사항 가운데 하나다.

자연인인 개인사업자와 달리 법인은 법에 의해 새로운 인격을 부여받고, 이에 따라 법률상 권리와 의무를 갖춘 새로운 주체가 된다. 즉 지분 100%를 보유한 법인 대표일지라도 법인과 그 대표는 각각 다른 법률상의 권리와 의무를 갖춘, 서로 다른 주체가 되는 것이다.

개인사업자와 법인사업자의 차이점

개인사업자(소득세)		법인사업자(법인세)
사업자 등록(세무서)	등록	법인등기부 등본(법원) 사업자 등록(세무서)
무한책임	책임	유한책임
총 수입금액 - 필요경비	과세소득	익금 - 손금
6~40%까지 초과 누진세율	세율	2억 원 이하 10% / 2억 원 이상 20% / 200억 원 이상 22%
경비 처리 불가	대표이사 급여	경비 처리 가능
자유롭게 사용 가능	이익잉여금	배당소득세
법인에 비해 자유로움	자금사용 용이성	가지급금 등 제약 많음
자산가치만을 고려	상속세	주식을 고려하는 경우 자산가치와 수익가치를 감안해 평가
해당 없음	외부감사	일정 규모(자산 120억 원 이상)에 해당하면 외부감사를 받아야 함

개인과 법인 사업자, 둘의 차이점 가운데 가장 중요한 세법 적용에 대해 알아볼까 한다. 구체적인 예를 살펴보자.

홍길동 씨가 개인사업자로 사업을 하는 경우와 A라는 법인을 설립, 대표이사가 되는 경우 둘 모두 과세소득이 2억 원이라 가정한다(본인 인건비 5,000만 원 제외). 각종 공제 등이 없다면 개인사업자의 경우 세율 38%가 적용된 5,660만 원을, 법인사업자는 20%가 적용된 1,500만 원을 각각 세금(전자는 소득세, 후자는 법인세)으로 납부해야 한다.

이것만 놓고 보면 개인사업자보단 법인사업자 등록이 훨씬 유리한 것처럼 보이지만 좀 더 따지고 보면 꼭 그렇진 않다. 대표적인 차이점은 두 가지.

첫째, 개인사업자의 경우 홍길동 씨 본인의 급여 및 퇴직금은 경비처리가 되지 않는 반면 법인사업자는 대표이사인 홍길동 씨의 급여 및 퇴직금이 회사 비용으로 인정된다. 개인사업자는 남을 고용하는 것에 관해서는 경비 처리가 가능하지만, 본인이 본인을 고용하는 것은 불가하기 때문이다.

둘째, 세금을 내고 남은 금액(이익잉여금)의 사용에 대해 개인은 추가로 부담해야 할 세금이 없는 반면 법인사업자는 이익잉여금을 홍길동 씨가 사유화하기 위해 배당소득세 등 별도의 세금을 납부해야 한다. 그렇지 않고 법인 자금을 임의로 쓰게 되면 가지급금·업무무관자산에 대한 인정이자 계산 등 많은 불이익이 따른다.

통상적으론 사업체 규모가 작은 경우는 개인사업자가, 커지면 법인사업자가 유리하다고 본다. 그러나 사업목적과 이익의 유보 사유 등 여러 목적에 따라 개인사업자와 법인사업자 중 어느 게 유리한지 판단해야 하며, 이 과정에서 전문가의 조언을 받아보는 게 좋다.

아래의 개인사업자와 법인사업자 과세 사례를 보면 잉여금을 유보하지 않고 전액 사용하는 경우 개인사업자와 법인사업자가 세금 납부 측면에선 큰 차이가 없음을 알 수 있다.

오래된 서양 속담 중에 이런 말이 있다. "인생에는 오직 두 가지 평

개인사업자와 법인사업자 과세 사례

개인사업자(홍길동)		법인사업자(대표이사)
200,000,000원	급여차감 전 과세소득	200,000,000원
50,000,000원	본인 인건비 해당액	50,000,000원
불가	인건비 비용 처리	가능
200,000,000원	과세표준	150,000,000원
38%	세율	10%
56,600,000원	산출세액	15,000,000원
143,400,000원	잉여금	135,000,000원
세금 없음	잉여금을 전액 사용한다면	배당소득세 납부
56,600,000원	사업소득세	
	근로소득세	6,780,000원
	법인세	15,000,000원
	배당소득세	32,350,000원
56,600,000원	세금 총 부담액	54,130,000원

등한 것이 있는데, 바로 죽음과 세금이다." 죽음이 자연의 이치에 순응하는 것이라면, 세금은 공동체 번영에 필수적인 요소임을 강조한 표현이다.

세법에서 인정되는 적법하고 합리적 수단에 의해 세금을 적게 내는 행위인 '절세tax saving'와 수입금 빼돌리기, 비용 부풀리기, 타인 명의로 위장하기 등 불법적인 방법을 이용해 고의로 세금을 줄이려는 '탈세tax evasion'는 명백히 다르다. 개인사업자와 법인사업자, 그 선택은 절세의 범주 내에서 무엇이 유리한지를 고민해야 하는 문제다.

말이 나온 김에 탈세가 불러오는 후폭풍에 대해 설명하고자 한다.

불법적인 방법에 의해 장부를 조작할 경우 당장은 세금을 줄일 수 있을지 모르지만 신고내용 사후검증, 과세정보 인프라 구축, 전산분석기법 확충 등으로 조세 소멸시효 이내에 대부분 드러나게 된다. 이 경우 당장 본 세금에 더해 가산세도 부담하게 된다. 특히 부당한 방법으로 무신고 또는 과소 신고했을 땐 신고불성실가산세로 산출세액의 40%(국제거래는 60%)를 내야 한다. 이런 경제적 부담보다 더 치명적인 것, 바로 탈세 액수에 따라 징역 등 사법 처리의 대상이 된다는 점은 두말 하면 잔소리다.

02

사업자 등록, 똑소리 나게 하는 법

개인사업자냐 법인사업자냐의 갈림길에서 갈 방향을 선택한 당신. 이제 사업자 등록을 할 차례다.

사업자 등록은 왜 해야 할까. 납세는 국민의 4대 의무 가운데 하나다. 독립적으로 재화 또는 용역을 공급하는 자를 뜻하는 '사업자'도 당연히 세금을 내야 한다. 그런데 사업자 등록을 하지 않으면 국세청으로선 적법한 세금을 매기기 어렵다. 이를 노려 사업자 등록을 하지 않은 채 돈을 벌려는 이들도 있지만 요새처럼 현금 외 전산화·자동화 거래가 압도적으로 많은 현실에선 사업자 등록 없이(즉, 세금계산서 등을 발행하지 않고) 사업을 하기란 사실상 불가능하다.

사업자 등록 없이 사업하다가 발각이 될 경우 당연히 큰 불이익이

시기별 사업자 등록

따른다. 재화·용역 공급가액(매출)의 1%(간이과세자는 0.5%와 5만 원 중 큰 금액)에 상당하는 가산세를 물어야 하며 부가세 매입세액공제도 받을 수 없다.

그래서 사업자는 사업을 시작한 날로부터 20일 이내에 꼭 사업자 등록을 해야 하며, 그 이후 사업자 등록을 한 경우엔 상당한 불이익을 감수해야 한다(❸번 구간). 반면 실제 사업개시일부터 20일 이내(❷번 구간)에 등록해 사업자의 주민등록번호가 기재된 세금계산서를 받은 경우엔 매입세액공제가 가능하다. 실제 사업 시작 전 상품이나 시설자재를 구입했을 땐 사업개시 전 사업자 등록(❶번 구간)을 할 수도 있는데, 다만 이런 경우 사업이 실제로 시작됐음을 객관적으로 증명해야 한다.

사업자 등록 ABC

사업자 등록은 필요한 구비 서류를 갖춰 가까운 세무서 민원 봉사실에서 신청하면 된다. 세무사 등 전문가의 도움 없이도 혼자서 할 수

사업자 등록 시 구비 서류

개인사업자	법인
1. 사업자등록신청서	정관, 주주명부 또는 출자명세서를 제출하여야 하며, 필요한 경우 법인등기부 등본을 제출
2. 임대차계약서 사본(사업장을 임차한 경우)	
3. 허가(등록, 신고)증 사본(해당 사업자)	
4. 동업계약서(공동사업자의 경우)	
5. 자금출처명세서(일부 업종의 경우)	

있을 정도로 쉬우니 걱정하지 않아도 된다.

사업자 등록증은 대략 3일 이내면 발급이 되는데, 다만 사전 확인 대상자인 경우 현장 확인 절차를 걸쳐 당일 발급도 가능하다. 약국, 학원, 음식점 등은 관련 공공기관으로부터 허가, 신고, 또는 등록이 필요한데, 이러한 추가적 행정절차가 필요한지 여부는 행정자치부의 생활공감지도 홈페이지(www.gmap.go.kr)에서 확인할 수 있다.

사업자 유형, 올바로 신고하는 법

사업자 등록은 사업체 유형에 따라 신고를 달리 해야 하며, 이 때문에 사전에 많은 고려가 필요하다. 각 유형별 사업자 구분은 다음과 같다.

① 사업 형태에 따른 구분: 법인사업자 VS 개인사업자
② 과세 유형에 따른 구분: 과세사업자 VS 면세사업자
③ 사업 규모에 따른 구분: 일반과세자 VS 간이과세자

과세사업자와 면세사업자의 차이는 이후 더 자세히 살펴보도록 하고, 이번엔 '일반과세자와 간이과세자'에 대해 알아보자.

우선 일반과세자. 연간 매출액(둘 이상의 사업장을 갖춘 사업자는 사업장 모두의 매출 합계액)이 4,800만 원 이상으로 예상되거나 간이과세가 배제되는 업종 또는 지역에서 사업을 하고자 하는 경우다. 일반과세자는 간이과세자보다 높은 10%의 세율이 적용된다. 반면, 사업과 관련된 물건 등을 구입하면서 받은 매입세금계산서상의 부가가치세액을 전액 공제받을 수 있고, 세금계산서를 발행할 수 있다.

한편, 연간 매출액이 4,800만 원에 미달할 것으로 예상되는 소규모 사업자의 경우엔 간이과세자로 등록할 수 있다. 간이과세자는 업종별로 0.5~3%의 낮은 세율이 적용되지만 매입세액의 5~30%만 공제받을 수 있다는 한계가 있다. 세금계산서도 발행할 수 없다. 다만 간이과세자는 일반과세자와 달리 부가가치세 예정고지 및 예정신고를 하지 않아도 된다. 1년 중 1회(1월 25일 기한) 확정신고만 하면 돼 신고절차 등이 훨씬 간편하다. 단, 매출이 4,800만 원 이하라 할지라도 부동산매매업 등 일부 업종에 대하여는 간이과세가 배제된다(자세한 간이과세 배제기준은 국세청 홈페이지(www.nts.go.kr)의 [국세청 뉴스]-[고시·공고]-[고시]를 참조하자).

보다 쉬운 이해를 위해 예를 들어보자. 여기 1년 매출이 4,500만 원으로 똑같은 일반과세자와 간이과세자가 있다고 가정하자(업종은 소매업이며, 관련 매입액 2,000만 원 가정. 소매업의 업종별 부가가치율 10%). 그럼 각각의 사업자가 감당해야 할 납세의무는 아래의 일반과세자와 간이과세자 과세 사례 표와 같다.

간이과세자로 사업을 시작했다가 전년도 매출액이 4,800만 원을 넘는 순간 당해년도 7월 1일부터 자동적으로 일반과세자로 전환된다. 반면 일반과세자의 매출이 4,800만 원 이하일 경우 간이과세자로 유형 전환이 가능하다. 다만 이때 유형 전환을 스스로 포기할 수 있는데, 그러기 위해선 관할 세무서에 간이과세 포기 신고서를 제출해야 한다. 일단 간이과세를 포기하면 3년간 간이과세자가 될 수 없으므로 충분

일반과세자와 간이과세자 과세 사례

일반과세자		간이과세자
4,500,000원 (공급가액 x 10%)	매출세액	450,000원 (공급대가 x 업종별 부가가치율 x 10%)
발급 의무 있음	세금계산서 발급	발급할 수 없음
2,000,000원 (전액 공제)	매입세액	200,000원 (매입세액 x 업종별부가가치율)
2,500,000원	납부액	250,000원
연 2회	부가세 신고	연 1회
가능	부가세 환급	불가능
모든 업종 가능	의제매입세액	음식점업만 가능

한 검토가 필요하다.

이처럼 간이과세자의 부가세 납부액이 일반과세자보다 훨씬 적다. 그럼에도 간이과세자를 포기하고 일반과세자로 남는 이유는 무엇일까.

첫째로는 법인 거래처가 많아 세금계산서를 발급하기 위해서다. 또한 부가세 환급을 위해 일반과세자로 남는 경우도 있다. 다만 사업년도 초기에 시설투자 등에 대한 매입세액공제를 받을 요량으로 일반과세자로 신청했다가 이후 간이과세자로 전환하게 되면 환급받은 금액을 다시 납부해야 하는 경우가 있다는 것을 유의해야 한다.

TIP

❶

사업자 등록 시 잊지 말아야 할 3가지 유의사항

1. 물건 구입 시 세금계산서를 잊지 말라

개업 전이라도 인테리어 등 시설물이나 비품을 구입할 경우에는 주민등록번호가 기재된 세금계산서를 반드시 받아야 매입세액공제가 가능하다. 예를 들어 인테리어 공사 등으로 약 1억 원이 들었다고 가정하면 일반과세자의 경우 부가가치세 1,000만 원의 환급을 받을 수 있다. 간혹 세금계산서를 발급하지 않는 조건으로 인테리어 공사비를 깎아 주겠다고 하는 업체가 있는데, 만약 본인이 일반과세자라면 훨씬 손해가 클 수 있다.

2. 타인에게 명의를 대여하지 말라

자칫 한 순간의 실수로 큰 곤란에 빠질 수 있다. 조세 회피 등의 목적으로 타인에게 명의를 대여했을 경우 1년 이하의 징역이나 1,000만 원 이하의 벌금에 처해진다. 나아가 명의를 빌려간 사람의 세금을 대신 내야 할 경우도 생기고, 본인 소유의 재산을 압류당할 수도 있으니 함부로 타인에게 명의를 빌려주면 안 된다.

3. 사업장을 임차하는 경우에는 확정일자를 받아두자

확정일자를 반드시 받아야 일정 규모 이하의 환산 보증금에 대하여 대항력이 생기고 우선변제권을 통한 권리 행사가 가능하다.

03
'부가가치세' 바로 알기

이번엔 사업하는 사람들의 큰 부담거리인 부가가치세에 대해 집중적으로 알아보자.

사업자 구분하기와 부가가치세 구조

앞서 간단히 설명한 대로 사업자는 과세 유형에 따라 과세사업자와 면세사업자로 나뉜다. 부가가치세가 과세되는 재화·용역을 취급하면 과세사업자, 그렇지 않으면 면세사업자다. 다만 다시 과세사업자는 연매출액 4,800만 원 이하의 간이과세자와 그렇지 않은 일반과세자로 구분된다. 겸업사업자란 과세사업자와 면세사업자를 동시에 영

사업자의 구분

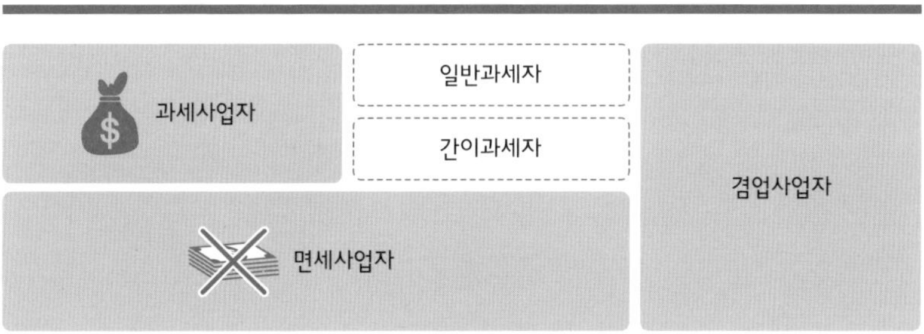

위하는 사업자를 말한다.

부가가치세는 상품(재화)의 거래나 서비스(용역)의 제공 과정에서 얻어지는 부가가치(이윤)에 대해 과세하는 간접세다. 사업자가 납부하는 부가가치세는 매출세액에서 매입세액을 차감해 계산하며 이를 '전단계세액공제법'이라 부른다. 부가가치세는 물건 값에 포함돼 있기 때문에 실제론 최종 소비자가 부담하는 것이다. 즉 최종소비자가 낸 부가가치세를 사업자가 세무서에 납부하는 셈.

사업자 홍길동 씨가 A라는 사업자에게 5,000원에 재료를 매입한 후 거기에 제조 등 본인의 부가가치를 더해 최종소비자에게 1만 원에 물건을 팔았다고 가정해보자.

홍길동 씨는 최종소비자에게 1만 원(공급가액)이 아닌 10%의 세율을 더한 1만 1,000원(공급 대가)을 받고, A사업자에겐 5,000원이 아닌 5,500원을 지급한다. 홍씨는 과세 기간 때 매출세액 1,000원에서 매입세액 500원을 차감한 500원을 납부한다.

부가가치세의 가장 큰 특징은 역진성**逆進性**, 즉 소득이 낮은 사람이

일반과세자의 부가가치세 납부 사례

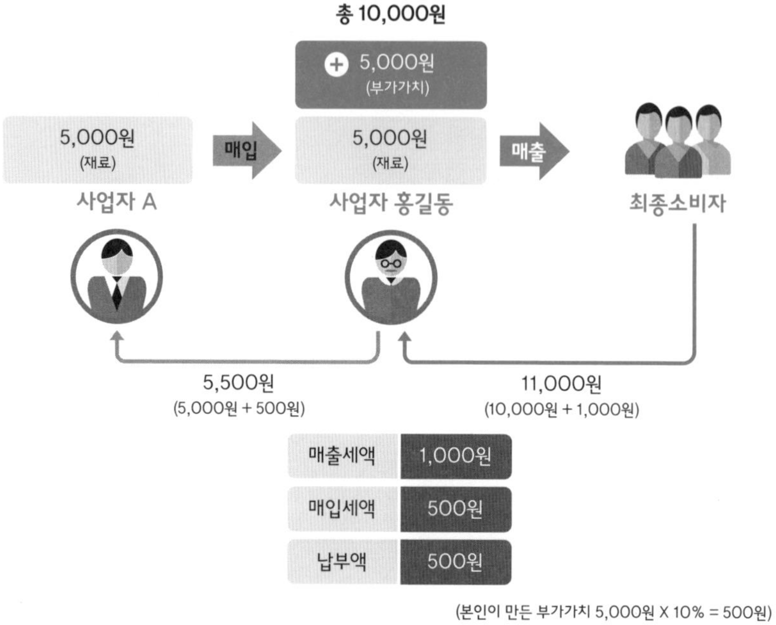

더 높은 세부담을 진다는 점이다. 부자든 가난한 사람이든 1만 원짜리 물건 하나에 지불하는 부가가치세는 1,000원으로 동일하다. 즉 부가가치세는 재산과 상관없이 같은 세율을 매기므로, 결국 가난한 사람이 부유한 이들에게 비해 소득 대비 상대적으로 많은 세부담을 지게 되는 것이다.

여기서 잠깐 문제! 국가가 거둬들이는 대표적인 세금, 즉 법인세, 소득세, 부가가치세 가운데 어느 세금 비중이 가장 높을까. 국세청 징수보고서에 나온 세목별 국세 수입 현황을 한번 살펴보자.

부가가치세로 거둬들인 국세 수입이 소득세, 법인세와 어깨를 나

세목별 국세 수입 현황

단위: 억 원

연도		1위	2위	3위	4위	5위
1966		소득세	법인세	물품세	영업세	주세
		203	109	103	73	63
1977		소득세	부가가치세	법인세	방위세	영업세
		3,527	2,416	2,350	2,240	2,079
1985		부가가치세	소득세	법인세	방위세	특별소비세
		29,012	14,816	11,267	11,235	9,808
1995		부가가치세	소득세	법인세	교통세	교육세
		146,369	136,182	86,626	33,718	29,931
2005		부가가치세	법인세	소득세	교통세	특별소비세
		361,186	298,055	246,505	102,878	43,995
2015		소득세	부가가치세	법인세	교통·에너지·환경세	개별소비세
		607,217	541,591	450,295	140,546	80,008

* 부가가치세는 1977년 처음 시행

** 소득세는 종합소득세, 양도소득세, 근로소득세 등이 포함되어 있으며, 2015년은 근로·자녀장려금 지급 금액을 차감한 금액(차감 전은 624,397억 원)

란히 하고 있다. 얼마 전 담배 값이 크게 올라 애연가들의 부담이 커졌는데 이 경우처럼 간접세는 상대적으로 조세 저항이 적고 세수 확보도 용이해 국가의 곳간 채우기에 자주 활용되곤 한다.

이 같은 부가가치세의 역진성을 조금이나마 완화하기 위해 기초생활필수품, 의료보건, 교육용역 등에 대해 부가세 납세의무를 원천적으로 면제하도록 만들어진 제도가 면세제도인데 이에 대해선 뒷장에서 더 자세히 살펴보자.

부가가치세 과세기간 및 계산법

부가가치세의 과세기간은 일반과세자와 간이과세자가 다르다.

일반과세자의 경우 관할 세무서장이 각각 4월과 10월 직전 과세기간의 납부세액을 기준으로 2분의 1에 해당하는 금액을 예정 고지한다. 반면 간이과세자는 7월 한 차례에 걸쳐 직전 과세기간 납부세액 기준 2분의 1을 세무서장이 예정 고지한다.

단 예정 신고기간 납부액은 전년도 실적이 기준인 만큼 당해년도 실적이 현저하게 떨어지는 경우엔 사업자가 신청한 기간 동안의 실

부가가치세 과세기간

	과세기간	확정 신고대상	확정 신고 납부기간
일반과세자	제1기 1.1 ~ 6.30 제2기 7.1 ~ 12.31	1.1 ~ 6.30의 사업실적 7.1 ~ 12.31의 사업실적	7.1 ~ 7.25 다음 해 1.1 ~ 1.25
간이과세자	1.1 ~ 12.31	1.1 ~ 12.31의 사업실적	다음 해 1.1 ~ 1.25

일반과세자의 부가가치세 납부일정

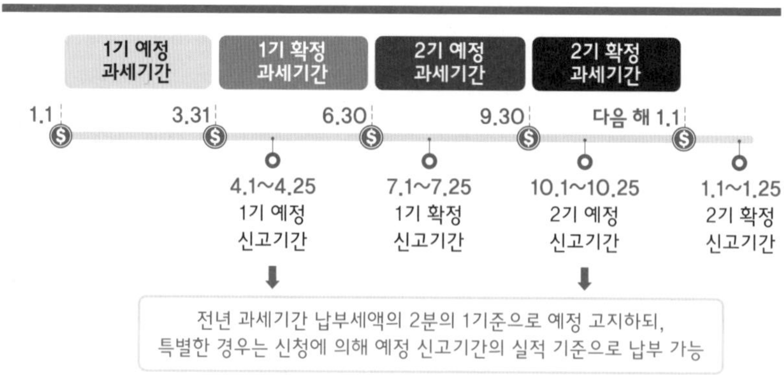

적 기준으로 납부할 수 있다. 부가가치세는 매년 최소 4번을 납부하는 만큼 법인세나 소득세보다 사업자가 훨씬 빈번하게 접하는 세금이다.

그렇다면 부가가치세 계산은 어떻게 할까.

앞서 언급한 대로 부가가치세는 매출세액에서 매입세액을 차감한 금액이다. 여기에 추가로 경감하거나 공제할 세액을 추가로 차감한 후 가산세를 더한 금액이 실제 납부할 세금이 된다. 하나씩 차근차근 살펴보자.

일반과세자의 부가가치세 계산구조

❶ 매출세액	= 공급가액 X 10%
(−)	
❷ 매입세액	**세금계산서 수취분 매입세액** **(+) 기타공제 매입세액** – 신용카드매출전표 등 수령명세서 제출분 세액 – 의제매입세액 – 재활용폐자원 등 매입세액 – 과세사업전환 매입세액 – 재고매입세액 – 변제대손세액 – 외국인 관광객에 대한 환급세액 **(−) 공제받지 못할 매입세액** – 불공제 매입세액 – 공통매입세액 면세사업 등 세액 – 대손처분받은 세액
(−)	
❸ 경감, 공제세액	– 예정고지세액, 예정신고 미환급세액 – 신용카드 등 발행에 따른 세액공제
(+)	
❹ 가산세	
(=)	
❺ 납부할 세액	

① 매출세액

공급가액은 재화의 공급뿐 아니라 재화의 수입, 용역의 공급 등을 포함한다. 재화란 쉽게 말해 눈에 보이는 물건과 비슷한 개념이며, 용역은 재산적 가치가 있는 모든 역무의 제공 등을 의미한다. 예를 들면 서비스업이 바로 그것이다.

재화의 공급에서 주의할 것은 실제의 매매 계약 등을 통해 인도·양도되는 실질 공급 외 간주 공급도 대상에 포함된다는 점이다. 간주 공급에는 자가 공급, 개인적 공급, 사업상 증여, 폐업 시 잔존 재화 등이 있다. 예컨대 한 사업자가 물건을 만들어 타인에게 판매하는 경우는 당연히 부가가치세 대상이다. 그런데 본인이 만든 제품을 본인이 사용한다면 어떻게 될까. 이것이 바로 자가 공급이며, 이는 간주 공급으로 간주돼 부가가치세 대상이 된다는 것이다.

② 매입세액

매입세액은 원칙적으로 세금계산서 수취분에 한해 공제 가능하다. 세금계산서는 사업자로선 송장, 청구서, 영수증, 증빙서류 등 다양한 형태로 쓸 수 있고, 과세당국의 입장에서는 과세 근거가 되는 자료 역할을 한다. 과거의 종이세금계산서 대신 요새는 전자세금계산서로 대부분 바뀌고 있는 추세다.

전자세금계산서는 모든 법인사업자, 그리고 개인사업자의 경우도 연매출 3억 이상(과세사업자), 10억 이상(면세사업자)이면 의무적으로 사용해야 한다. 전자세금계산서 사용 및 자세한 발행 방법 등은 이후 보다 자세히 설명하겠다.

세금계산서상의 수취분 외 신용카드매출전표 수령분도 매입세액 공제가 가능하다. 사업을 위해 음식점에서 식사를 하고, 신용카드로 결제하는 경우 별도로 세금계산서를 요청하여 받지 않아도 매입세액 공제가 가능하다.

음식점 등을 영위하는 사업자의 경우 특히 주의를 기울여야 하는 부분이 있다. 바로 의제매입세액공제 제도다. '의제매입세액공제'란 부가가치세가 면제되는 농·축·수산물을 구입·사용·소비함으로써 과세가 되는 재화 또는 용역을 공급하는 경우 세금계산서를 수취하지 않더라도 원재료 매입액에 대한 일정액을 공제하는 제도를 말한다.

의제매입세액공제는 면세로 구입한 농산물 등의 가액에 102분의 2를 곱한 금액을 공제받는다. 다만, 음식점업자가 공급받는 농산물 등에 대해 법인은 106분의 6, 개인은 108분의 8을 적용한다(단, 제조업자 및 개별소비세법 제1조 제4항에 따른 과세유흥장소 경영자는 104분의 4).

예를 들어 음식점을 하는 개인사업자인 홍길동 씨의 농산물 등 구입액이 6개월간 약 2,160만 원이라면 가정해보자. 의제매입세액공제

제도를 통해 홍 씨는 21,600,000 × (8/108)인 160만 원의 세금 절약이 가능하다.

면세와 영세 구분하기

이젠 '면세'와 '영세율'에 대한 얘기를 해볼 차례다. 둘 모두 '절세'와 관련한 항목들인데, 둘의 개념을 혼동하거나 구분하는 데 어려움을 느끼는 사업자들이 많다. 앞서 소개한 유형별 사업자 구분을 다시 한 번 들여다보자.

앞서도 설명했듯이 사업자는 과세 유형에 따라 과세사업자와 면세사업자로 구분된다. 면세는 일정한 재화와 용역의 공급에 대해 부가가치세의 납세의무를 원천적으로 면제하는 것을 의미한다.

그런데 이와 유사해 보이는 '영세율'이라는 개념이 있다. 영세율은 일정한 과세 거래에 대해 '0%'의 세율을 적용해 부가가치세를 완전히 면제하는 제도를 말한다.

이렇게만 설명하면 무슨 차이가 있는지 쉽게 이해가 되지 않는다.

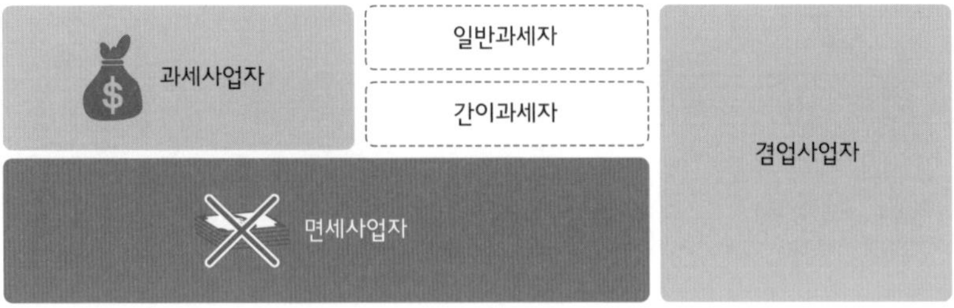

지금부터 이 두 제도를 보다 자세히 알아보도록 하자.

우선 영세율 사업자는 부가가치세법상 엄연한 납세의무자다. 다만 매출세액은 '0'의 세율이 적용되고, 매입세액의 경우에도 완전 공제가 가능하다. 즉 자신이 벌어들인 매출액에 붙은 부가가치세(매출세액)는 0원이며, 자신이 재화·용역 등을 사들일 때 낸 세금(매입세액)은 나중에 돌려받는 것이어서 사업자로선 매우 유리한 유형이며, 그래서 '완전면세 제도'라 불린다.

영세율 제도의 목적은 외형적으론 수출·수입품에 대한 이중과세 방지다. 즉 한 물품에 대해 수출국과 수입국 모두가 각각 부가가치세를 과세하면 이중과세 문제가 발생하므로 '소비지국 과세원칙'에 따라 수입국에서만 세금을 부과토록 한 것. 이 때문에 영세율을 적용받는 업체는 수출하는 재화·국외에 제공하는 용역·외국항행용역 등으로

영세율과 면세의 차이

영세율		면세
국제적 이중과세 방지 (소비지국 과세원칙 실현) 수출 촉진	매출세액	부가가치세 역진성 완화 국민후생 및 복지 증진 목적
수출하는 재화· 국외에 제공하는 용역· 외국항행용역	세금계산서 발급	기초생활필수품 및 기초생활용역 국민후생 관련 재화 및 용역 문화 관련 재화 용역
완전면세	매입세액	부분면세
부가가치세법상 납세의무자임	납부액	부가가치세법상 납세의무자 아님 (대리납부의무 존재)

제한된다.

영세율을 적용받는 수출업체로선 경감된 부가가치세만큼 물건 값을 내릴 수 있어 가격 경쟁력이 높아지는 효과가 있다. 다만 부가가치세법상 납세의무자에 해당하는 만큼 사업자 등록, 장부 기록, 세금계산서 발급, 영세율 첨부서류 제출, 과세표준 신고 등 부가세법에 따른 각종 의무를 지켜야 한다.

완전면세와 부분면세의 적용을 받은 사례

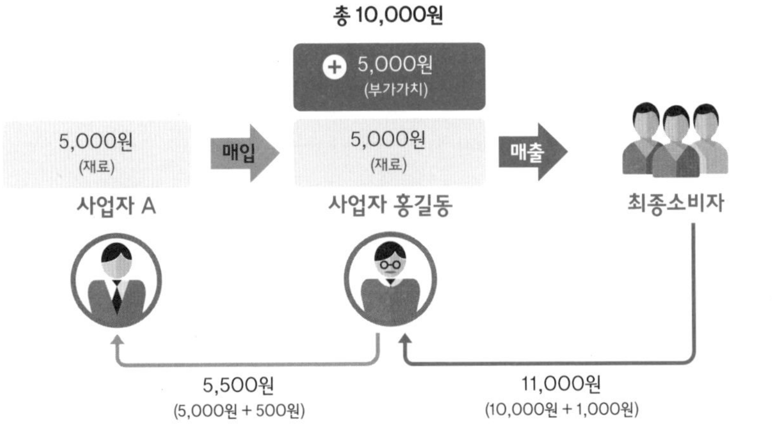

부가가치세법상 납세의무자일 경우 / 납세의무자가 아닐 경우

일반과세자		영세율			일반과세자	
매출	부가세	매출	부가세		매출	부가세
11,000원	1,000원	10,000원		매출세액	10,000원	
5,500원	500원	5,500원	500원	매입세액	5,500원	
5,500원	500원 납부	4,500원	(500원) 환급	납부액	4,500원	
		완전면세		비고	부분면세	

반면, 면세사업자의 경우는 부가가치세법 자체에 적용을 받지 않는다. 그래서 매입처별 계산서 합계표 제출과 대리납부의무를 제외하고는 아무런 의무를 지지 않는다. 부가가치세법의 적용을 받지 않는 만큼 자신이 벌어들인 돈(매출액)에 부가가치세 자체가 붙지 않는다. 다만 자신이 매입한 재화·용역에 붙은 부가가치세는 공제를 받지 못한다. 즉 '완전면세제도'인 영세율 사업자와 달리 면세사업자는 '부분면세제도'의 적용을 받는다.

앞에서 A라는 사업자를 통해 5,000원에 재료를 매입한 사업자 홍길동 씨가 본인의 부가가치를 더해 최종 소비자에게 1만 원에 물건을 판 상황을 가정했었다. 홍길동 씨를 일반 과세자와 면세자, 영세율 적용 사업자로 구분해 설명해보자.

영세율 사업자는 본인이 매입 시 부담했던 매입세액 500원을 환급받으면서 완전면세가 된 반면 면세사업자는 매입세액공제가 이뤄지지 않는다.

면세제도의 운영은 부가가치세의 '역진성'을 완화하기 위함이다. 앞서 설명한 대로 부가가치세는 빈부 차이에 상관없이 모든 재화·용역에 같은 세율(우리나라는 10%)을 적용, 결국 소득이 낮은 사람이 더 높은 세부담을 진다는 약점(역진성)을 갖고 있다. 이를 완화해 국민후생 및 복지 증진에 기여한다는 게 면세 제도의 취지다.

다만, 면세제도는 부가가치세 납세의무를 부여하지 않는 만큼 '상호검증'에 큰 구멍이 생긴다는 단점이 있다. 앞의 가정을 통해 다시 설명하면 과세당국 입장에선 홍길동 씨의 매입세액공제가 적정한지 파악하려면 A사업자의 매출세액을 들여다보면 상호검증이 가능하다. 그러나 A사업자가 면세사업자일 경우 두 거래에 대한 자료 제출 및 부가가치세 납부 의무가 없어 상호검증이 어려운 것.

영세율 적용은 그 요건에 해당(예로는 생산한 재화의 수출)할 경우 관련 서류를 관계당국에 제출하면 된다. 그럼 면세사업자가 수출을 해 영세율을 적용받고 싶다면 어떻게 하면 될까? 면세포기제도를 활용하면 되는데, 이 경우 부가가치세 매입세액을 환급받아 완전면세로 전환이 가능하다. 다만 한번 면세를 포기할 경우 3년간 변경이 불가하다는 점을 염두에 둬야 한다.

이 외에 과세와 면세를 겸영하는 겸업사업자가 있는데 이 경우 과세사업분과 면세사업분을 구분해 안분 계산을 한다.

TIP
②

부가가치세 유의사항 및 절세전략

1. 주사업장총괄납부, 사업자단위과세제도를 활용하라

부가가치세는 법인세 등과는 달리 사업장별 과세 원칙이 적용된다. 따라서 원칙적으로는 각 사업장별로 신고 및 납부를 해야 한다. 이런 불편을 덜기 위한 방법은 두 가지다.

① 주사업장총괄납부제도: 두 개 이상의 사업장이 있는 경우 부가가치세를 각 사업장마다 납부하거나 환급받지 아니하고 주된 사업장에서 총괄해 납부 또는 환급할 수 있는 제도다. 다만 이 경우에도 신고는 각 사업장별로 해야 한다.

② 사업자단위과세: 두 개 이상의 사업장을 가지고 있는 사업자가 '전사적자원관리 ERP' 등 일정한 요건을 채울 경우 세금 납부뿐 아니라 신고까지도 본점 또는 주사업장에서 할 수 있는 제도다.

만약 여러 사업장을 가지고 있는 사업자라면 위 제도를 활용함으로써 세금 내는 데 들어가는 시간·노력 등을 절감할 수 있다. 이를 위해선 과세기간 개시 20일 전에 본점 또는 주사무소의 관할 세무서장에게 신고하면 된다.

2. 환급세액이 확정되기 전에 세액을 환급받아라

부가가치세 매입세액이 매출세액을 초과하게 되면 환급세액이 발생한다. 즉 이미 낸 세금을 돌려받는 것인데, 이 환급세액은 원칙적으로 과세기간(6개월)별로 이뤄진다. 다만 영세율이 적용되는 수출 등이나 시설투자와 관련해 발생하는 환급의 경우 예외적으로 신속하게 환급이 가능한데 이러한 제도를 조기환급제도라고 한다.

조기환급제도는 상황에 맞춰 매월 또는 매 2개월마다 환급 신청이 가능하다. 조기환급 대상자에 해당할 경우 해당 달에 부가가치세 신고를 해 신고기한 경과일로부터 15일 이내에 환급을 받을 수 있다. 그렇게 되면 일반 환급 기준에 비해 최대 5개월 먼저 환급이 이뤄지게 된다.

3. 자료상을 통해 매입세금계산서 구입하지 마라

자료상이란 사업자 등록만 해놓고 실물 거래 없이 허위 세금계산서를 발행, 거래 상대방에게 부가가치세 매입세액공제를 받을 수 있도록 해주고, 그 대가로 일정 금액의 수수료를 받는 자를 말한다. 사업자들 주변엔 부가가치세 부담을 줄이기 위한 목적으로 자료상을 통해 거짓 매입세금계산서 구매하라는 유혹들이 많다. 실제 거짓 매입세금계산서를 받는 사업자들도 꽤 있다.

그러나 위에 언급한 것처럼 부가가치세제도는 과세당국의 입장에서 상호검증이 가능하다. 특히 요즈음은 전자세금계산서를 통해 사업자의 신고내용이 대부분 전산으로 관리되기 때문에 이 같은 탈세 행위가 금방 적발된다.

거짓 세금계산서를 받은 사실이 적발되면 탈세액에 비해 훨씬 무거운 세금이 부과되며, 강도 높은 세무조사도 동반된다. 조세범으로 형사입건되는 등 사업 자체를 존폐 위기에 빠뜨릴 수 있다. 눈앞의 작은 이익을 쫓다가 나중에 큰 손해를 보는 일이 없도록 주의하는 것이 좋다.

4. 납부는 못해도 신고는 꼭 제때에 하자

사업에 신경을 쓰다보면 자칫 부가가치세 신고를 깜빡할 수 있다. 설사 세금 납부를 제때 못하더라도 신고는 꼭 하는 게 좋다. 신고를 하지 않는 경우 원칙적으로 매입세액공제를 받지 못할 뿐만 아니라 각종 가산세(매출처별 세금계산서 합계표 미제출가산세, 매입처별 세금계산서 합계표 미제출 가산세, 신고불성실가산세, 납부불성실 가산세)를 부담해야 하기 때문이다.

정말 피치 못할 사정으로 신고를 못하게 됐더라도 1월 이내에 기한 후 신고·납부를 하는 경우에는 무신고 가산세의 50%를 감면받을 수 있다.

5. 폐업 때에도 꼭 해야 할 일 '세금 신고'

사업이 어려움에 처해 결국 폐업을 하게 되더라도 세금 신고를 게을리하면 안 된다. 세금신고 미납으로 인한 가산세 때문이다. 향후 본인의 재기를 위해서라도 이 부분은 굉장히 중요하다. 과거 세금 신고 미납이 있을 경우, 본인 명의로 사업자등록을 할 수 없고, 재산도 취득할 수 없으며 금융거래도 제한받는 등 여러 불이익을 감수해야 해 사실상 재기가 어려워질 수 있다. 또 직전사업 폐업 관련한 세금 미납분이 해결되지 않으면 새 사업 아이템을 구상할 때 국가 정책자금 등의 수령도 불가능해지는 만큼 이 부분을 꼭 염두에 두기 바란다.

04
스마트하게 지출 증빙하기

사업자가 할 수 있는 가장 확실한 '절세' 방법, 뭘까. 바로 '영수증 챙기기'다. 사업 과정에서 쓴 모든 지출은 그 내역을 확실히 증빙할 수 있는 '영수증'이 있어야 세입공제 혜택이 가능하다는 사실은 잘 알고 있을 것이다. 그런데 이 영수증의 종류, 참 많다. 세법에선 이를 '적격 증빙 자료'라고 하는데, 스마트한 지출 증빙이 곧 돈이 된다.

세금계산서, 계산서, 영수증의 차이점은?

세법에서 말하는 적격 증빙이란 필요경비를 인정받기 위한 증빙 자료로서 세금계산서, 계산서, 신용카드, 체크카드, 현금영수증, 지로,

원천징수영수증 등에 의한 경비 지출 증빙을 말한다. 이 자료들이 국세청에서 인정하는 거래 자료이며, 간이영수증, 거래명세표 등은 적격 증빙에 해당하지 않는다. 만약 사업과 관련해 돈을 썼음에도 불구하고, 위의 적격 증빙 자료를 받지 못했을 경우엔 부가가치세 매입세액을 공제받을 수 없고, 오히려 증빙불비가산세를 부담해야 한다.

그럼 각 증빙 자료의 차이점은 무엇일까?

먼저 계산서와 세금계산서의 차이를 살펴보자. 법인사업자와 개인사업자는 각각 법인세법과 소득세법에 의거, 계산서나 영수증을 교부하도록 하고 있다. 이때 거래되는 재화나 용역 등에 부가가치세가 붙으면 그 세금을 표시하기 위해 계산서 대신 세금계산서를 교부해야 한다. 즉 계산해야 할 부가가치세가 있으면 세금계산서이고, 부가가치세가 면세되는 경우엔 그냥 계산서다.

다음은 영수증. 많은 사람들이 간이 세금계산서, 간이 영수증 등의

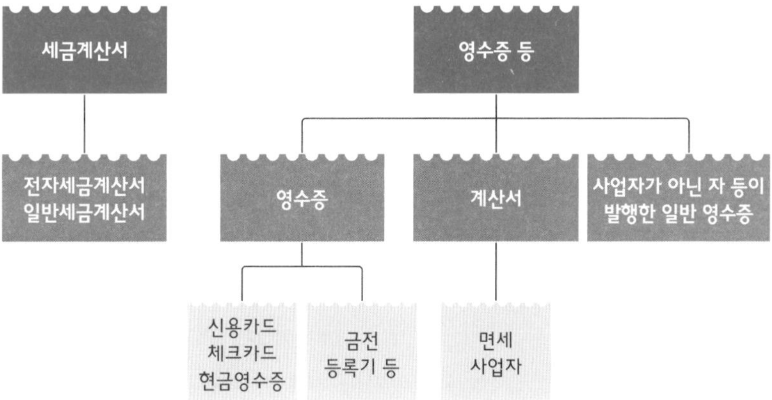

표현을 쓰는데 정식 명칭은 영수증이다. 영수증은 사업자 등이 발행하는 영수증과 사업자가 아닌 자, 비거주자 등이 발행하는 일반 영수증으로 구분된다.

세금계산서와 계산서, 영수증 등을 대략적으로 구분해봤는데, 이제 다시 세금계산서부터 자세히 알아보자.

세금계산서의 종류

앞서 설명한 대로 세금계산서는 사업자가 재화 또는 용역을 공급하는 경우 부가가치세를 징수하고, 이를 증명하기 위해 거래 상대방에게 발급하는 세금 영수증이다. 사업자는 이 세금계산서를 발급함으로써 재화 또는 용역을 공급받는 자에게 부가가치세를 전가할 수 있게 된다. 반대로 공급받는 자는 세금계산서를 요약한 매입처별 세금계산서 합계표를 과세관청에 제출, 매입세액을 공제받는다. 따라서 세금계산서는 증빙 서류로서의 역할뿐 아니라 과세 자료, 청구서, 영수증, 기장 근거 자료 등 다양한 곳에 쓰일 수 있다.

세금계산서에 필수적으로 들어가야 할 사항은 공급하는 사업자의 등록번호와 성명 또는 명칭, 공급받는 자의 등록번호, 공급가액과 부가가치세액, 작성 연월일 등이다. 이 중 일부가 누락되거나 사실과 다르게 기재되면 가산세 등 불이익이 따른다.

일정한 요건을 갖춘 사업자들은 이 세금계산서를 전자적인 방법으로 발행·교부하고, 그 내역을 국세청에 전송하도록 의무화하고 있다.

이를 전자세금계산서라고 하는데, 이 계산서의 발행은 홈택스 서비스를 이용하면 된다.

전자세금계산서는 모든 법인사업자와 매출 3억 이상의 과세 개인사업자(면세 개인사업자는 10억 이상)에게 의무적으로 발행하게 돼 있다. 앞으로 특수한 경우를 제외하곤 종이로 발행하는 일반 세금계산서는 사라질 것으로 보인다.

매입자발행세금계산서는 세법이 정하는 사업자가 재화 또는 용역을 공급하고 거래 시기에 세금계산서를 발급하지 아니한 경우, 관할 세무서장의 확인을 받아 세금계산서를 발행하는 제도다. 공급받은 자의 입장에서 세금계산서를 받아야 매입세액공제를 받을 수 있는데 공급하는 자가 세금계산서를 발행하지 않는 경우 이 제도를 이용해 지출증빙 및 매입세액공제를 받을 수 있다.

수입세금계산서는 수입되는 재화에 대해 세관장이 부가가치세를 징수하는 경우 수입업자에게 발급하는 세금계산서를 의미한다.

영수증, 현금영수증, 신용카드

이제 우리에게 가장 친숙한 용어 '영수증'에 대해 알아보자. 영수증이란 세금계산서에 필요한 기재사항 가운데 공급받은 자의 등록번호와 부가가치세액을 따로 기재하지 아니한 것으로 현금영수증, 신용카드매출전표, 금전등록기 계산서, 승차권, 항공권, 입장권, 관람권 등이 모두 포함된다.

모든 간이과세자와 일반과세자 가운데 최종 소비자를 대상으로 재화·서비스를 공급하는 사업자가 영수증 발급 대상자에 해당한다. 다만 이 경우에도 사업자인 거래 상대방이 세금계산서를 요구하면 반드시 발행을 해야 하는 업종(음식업, 숙박업, 소매업 등)이 있고, 어떠한 경우에도 세금계산서를 발행할 수 없는 업종(목욕, 미용업, 이발업 등)이 있다.

사실 영수증을 발행하는 측(공급하는 자)은 영수증 발행에 따른 아무런 경제적·세무적 유인이 없다. 지난해 기준 간이과세자인 사업자는 180만 명으로 전체 사업자의 30% 이상이나 되는데 이 가운데 97만 명 정도가 아예 세금을 내지 않는다는 통계가 있다.

이 같은 허점을 보완하기 위해 나온 제도가 현금영수증과 신용카드매출전표제도(이하 현금영수증 등)다. 이를 통해 공급받는 자와 공급하는 자에게 채찍과 당근제도를 병행하고 있다.

공급하는 자·공급받는 자가 영수증 발행 여부에 따라 받는 혜택, 불이익은 다음과 같다.

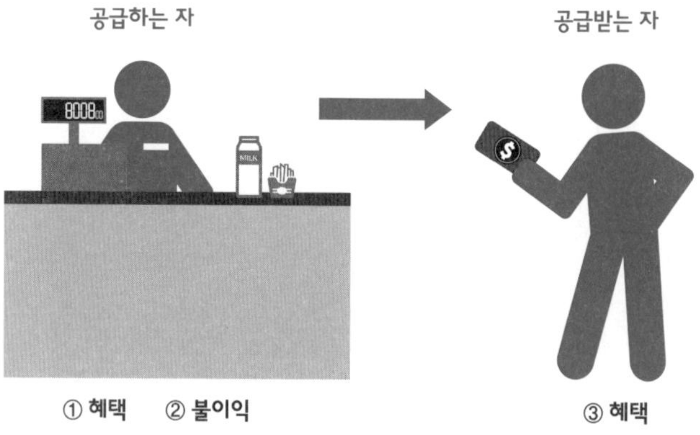

① **공급하는 자가 현금영수증 등을 발행할 경우 혜택**

개인사업자에 한해 발행금액의 1.3%(음식, 숙박업자는 2.6%)를 연 500만 원 한도로 세액공제를 받을 수 있다.

② **공급하는 자가 현금 영수증 등의 발행을 거부하는 경우 불이익**

발급거부금액의 5%에 해당하는 가산세가 부과된다(미발급의 경우 50% 과태료가 부과됨).

③ **공급받는 자가 현금영수증 등을 수취하는 경우 혜택**

사업자가 아닌 근로소득자는 연말정산 시 소득공제가 가능하며, 일반과세 사업자의 경우 현금영수증 등 사용금액에 한해 매입세액공제가 가능하다(세금계산서가 아님에도 불구하고).

TIP

③

지출증빙 꿀팁

사업을 하다 보면 공급하는 자로부터 현금으로 결제를 해달라는 부탁을 종종 받게 된다. 그렇게 해주면 부가가치세만큼 깎아주겠다는 유혹과 함께. 이런 경우는 어떻게 해야 할까.

결론부터 말하면 어차피 매입세액공제분만큼 할인을 받았고, 또한 실제 공제분을 환급받기까지 시간도 오래 걸리기 때문에 현금 흐름이 좋지 않은 사업자일수록 제안을 받아들이는 게 유리한 것처럼 보인다. 그러나 세금은 부가가치세만 있는 것이 아니라 법인세와 사업소득세도 있다는 것을 잊지 말아야 한다. 지출에 대한 증빙이 제대로 소명되지 않으면 지출 자체를 비용으로 인정받지 못하게 돼 소탐대실하는 경우가 발생하게 된다.

간이과세자를 제외한 모든 사업자들은 원칙적으로 접대비를 제외한 3만 원 초과 모든 지출에 세금계산서를 받거나 신용카드, 현금영수증 등 적격 증빙 자료를 수취해야 한다. 만약 이를 어길 때는 거래금액 2%의 증빙불비가산세를 내야 한다.

더욱이 접대비의 경우는 1만 원 초과분에 대해 증빙 자료를 수취해야 하는 것으로 기준이 강화됐고, 이를 지키지 않으면 접대비 자체가 경비로 인정받지 못하게 된다. 즉 접대비는 1만 원, 기타 비용은 3만 원 이상 초과분에 대해 반드시 적격 증빙을 수취하는 게 오히려 돈을 버는 길임을 명심해야 한다.

아울러 해당 지출이 업무와 관련됐는지 여부에 대한 입증책임은 사업자가 지게 된다. 적격 증빙에 의한 지출이라고 해도 업무와의 연관성을 소명하지 못하면 필요경비로 인정받을 수 없다(업무 무관비용으로 처리됨).

신용카드매출전표 및 현금영수증 등 사용분에 대해 따로 언급해 둘 게 있다. 이 자료들은 위에서 언급한 것처럼 세금계산서가 아님에도 불구하고 매입세액공제가 가능하다. 따라서 부가세 신고서에서 기타공제매입세액에 기재를 하게 돼 있다.

❶ 신고내용

구분				금액	세율	세액
과세표준 및 매출세액	과세	세금계산서교부분	①		$\frac{10}{100}$	
	과세	기타	②		$\frac{10}{100}$	
	영세율	세금계산서교부분	③		$\frac{10}{100}$	
	영세율	기타	④		$\frac{10}{100}$	
	예정신고누락본		⑤			
	대손세액가감		⑥			
	합계		⑦		㉮	
매입세액	세금계산서수취분	일반매입	⑧			
	세금계산서수취분	고정자산매입	⑨			
	예정신고누락분		⑩			
	기타공제매입세액		⑪			
	합계		⑫			
	공제받지못할매입세액		⑬			
	차감계		⑭		㉯	
납부(환급)세액 (매출세액㉮−매입세액㉯)					㉰	
경감·공제세액	신용카드매출전표발행공제등		⑮			
	기타공제·경감세액		⑯			
	합계		⑰		㉱	
예정신고미환급세액			⑱		㉲	
예정고지세액			⑲		㉳	
가산세액계			⑳		㉴	
차가감 납부세액(환급받을 세액)(㉰-㉱-㉲-㉳-㉴)					㉑	

❷ 국세환급금계좌신고	거래은행	은행 지점	계좌번호		

❸ 폐업신고	폐업일자		폐업사유	

그런데 공급하는 자가 일반과세자가 아니라 간이과세자라면 어떻게 될까. 결론부터 말하면 매입세액공제가 불가능하다. 즉 사업자인 당신이 신용카드로 식대를 계산하려 하는데 해당 음식점이 일반과세자라면 매입세액공제가 가능하지만 간이과세자라면 불가능한 것이다. 이러한 신용카드 사용액이 매월 수천 건이면 어떻게 될까. 매번 음식점에서 신용카드 결제 때마다 물어봐야 할까.

아울러 신용카드의 경우 해당 매입세액공제를 받기 위해서는 일일이 해당 사업장의 사업자등록 번호를 입력해야 한다. 카드 사용이 많지 않은 사업 초기에는 이러한 업무가 부담이 되지 않을 수 있지만 사업이 성장하게 되면 보다 체계적인 환급관리와 전산화가 필요하다.

예를 들어 소모품비, 식대, 출장숙박비, 통신비 등의 각종 비용이 분기별로 3,000건에 달하고, 지출 총 금액도 1억가량에 이른다면 환급 가능액이 1,000만 원이나 됨에도 불구하고 절차상의 번거로움 때문에 환급을 포기하는 경우도 있다.

이처럼 절차상의 어려움을 들어 환급을 모두 받지 못하는 기업들이 상당히 많은 게 현실. 이 경우엔 카드관리 전산화 프로그램 통해 보다 체계적이고 간편하게 업무를 처리해야 할 필요가 있다. 이러한 프로그램은 아래의 기능을 갖고 있어야 업무 효율성을 극대화할 수 있다.

- ▶ 카드매출 사업장의 가맹점 유형 조회
- ▶ 구매 유형에 따른 공제 가능 여부
- ▶ 반복 구매의 경우 자동기장 및 일괄자동 회계 처리 후 보조원장 생성
- ▶ 더존 등과 연계한 부가세 신고 간편화

모든 업무처리를 한 번에 전산화하는 것보다는 현실에 맞게 필요한 부분부터 전산화하거나 아웃소싱하는 것도 현실적인 경영 대안이 될 수 있다.

05 원천징수 파헤치기

이번엔 '원천징수'에 대한 이야기를 해보자. 원천징수tax withholding란 누군가의 소득 또는 수입에 붙은 세금을 그 소득·수입을 벌어들인 자(소득자)가 아닌, 그 금액을 지불한 자(원천징수의무자)가 대신 납부하는 제도를 말한다. 즉 사업자가 근로자의 소득세를 미리 공제한 금액을 임금으로 지급한 뒤 그 공제된 세금을 근로자 대신 국가에 납부하는 것으로 '사장님'들로선 매우 번거로울 수밖에 없는 제도다. 그래서 더욱 알아둬야 할 원천징수. 지금부터 하나하나 따져보자.

원천징수란 무엇인가?

현행 세법은 이자소득, 배당소득, 사업소득 중 의료보건용역 및 일정한 인적 용역, 근로소득, 연금소득, 기타소득 및 퇴직소득 등에 대하여 원천징수하도록 하고 있다.

원천징수제도는 세금을 부담하는 자(담세자)를 '납세의무자'(소득자)로 하되, 실제 세금을 신고·납부하는 자를 '소득을 지급하는 자'(원천징수의무자)로 지정한 것이다. 즉 납세의무자가 개별적으로 해당 세금을 계산해 직접 내는 번거로움을 없도록 납세자의 편의를 도모한 것이다.

그렇다면 원천징수제도는 왜 생겼을까. 여기 한 국가의 국민이 100명이고, 50명씩 두 개의 법인에 취직해 근무한다고 가정해보자. 만약 원천징수가 없다면 연말에 100명 모두가 각각 소득세를 신고·납부해야 한다. 그러나 원천징수제도를 도입하면 국가는 법인 2곳만 관리하면 된다. 또한 돈이 지급될 때마다 세금 징수가 이뤄짐에 따라 소득금

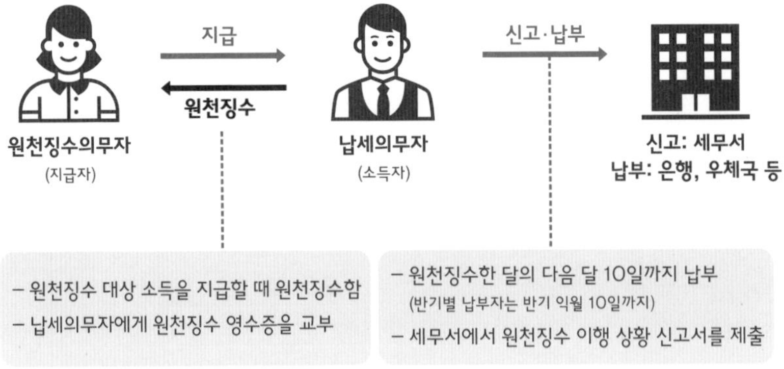

액이 양성화되고 세수가 조기확보돼 세금을 걷는 비용이 절약되는 효과도 있다. 흔히 직장인들을 유리알 지갑이라 하는 이유도 여기에 있다. 결국 납세자의 편의도 고려한 것이지만 그보단 국가가 좀 더 용이하게, 그리고 투명하게 세금을 걷기 위한 제도가 바로 원천징수제도인 셈.

원천징수는 원칙적으로 대가를 지급한 익월 10일까지 납부를 해야 한다. 그래서 1년에 1번 신고·납부하는 소득세·법인세보다, 또는 3개월에 1번 신고·납부하는 부가가치세보다 훨씬 사업자에게 밀접한 세금이다.

그러나 여기에도 예외가 있는데 직전 과세기간 1월부터 12월까지 매월 말일 현재의 상시고용인원이 평균 20명 이하인 원천징수의무자(금융 및 보험업을 경영하는 자는 제외)로 관할 세무서장으로부터 원천징수 세액을 반기별로 납부할 수 있도록 승인을 받거나 국세청장이 정하는 바에 따라 지정을 받은 자는 일정한 원천징수 세액을 제외하고, 그 징수일이 속하는 반기의 다음 달 10일까지 세금을 납부하면 된다. 이를 반기별 납부자라 한다.

소득 종류 따라 다른 원천징수 세율

대상 소득의 종류에 따라 원천징수해야 할 세율이 다른데 구체적인 내용은 다음과 같다.

대상 소득에 따른 세율

대상 소득의 종류	원천징수 대상 소득	세율 (지방소득세 제외)
근로소득	매월 분의 근로소득	기본세율
사업소득	부가가치세가 면세되는 의료용역 등	3%
기타소득	기타소득금액	20%
퇴직소득	퇴직소득	기본세율
봉사료 수입	음식·숙박업의 봉사료 수입	5%
일용근로자	일당 10만 원의 초과소득	6%
이자·배당 소득	이자·배당 해당액	14%

※ 모든 세율에 10%의 지방소득세율이 추가됨

① 근로소득

근로소득 간이 세액표에 따라 소득세 및 지방소득세를 원천징수한 후 다음연도 월분 급여를 지급할 때 연말정산을 해야 한다. 연말정산이란 근로소득만 있다고 가정할 경우 소득세 결정세액을 계산해 이미 원천징수한 세액을 정산하는 것이며, 이미 원천징수한 세액이 더 많은 경우에는 차액을 돌려주고, 반대의 경우 차액을 추가로 원천징수하게 된다.

간이세액표는 근로소득 간이세액표 조회 서비스(국세청 홈택스 → [조회·발급] → [기타조회] → [근로소득 간이세액표])에서 확인이 가능하다. 소득이 동일한 경우에도 각종 소득공제 및 세액공제에 따라 소득세 결정세액이 달라지는 건 잘 알고 있을 것이다. 당연히 소득공제·세액공제 상품 등을 챙겨 미리 연말정산을 준비하는 게 좋다.

② 사업소득, 봉사료 수입

원칙적으로 사업자는 다른 사업자와 거래를 하는 경우 세금계산서, 계산서, 신용카드매출전표 및 현금영수증(사업자지출증빙용) 등 정규 증명서류를 받아야 한다. 현행 세법에선 재화 또는 용역의 공급에 대해 관련 서류를 수취하지 않으면 이를 경비로 인정하지 않거나 가산세를 부과하고 있다. 다만 부가가치세 면세 대상인 아래의 용역에서 발생하는 소득은 예외적으로 정규 증명서류를 수취하지 않고, 지급액의 3.3%(3%+0.3%)에 해당하는 금액을 원천징수하도록 하고 있다.

부가가치세 면세 대상 용역

1. 의료보건용역
2. 저술가·작곡가 등 일정한 자가 직업상 제공하는 인적 용역 등

이 외에도 부가가치세가 면제되는 접대부·댄서와 이와 유사한 용역을 제공하는 자에게 지급하는 일정한 봉사료는 지급액의 5.5%에 해당하는 금액을 원천징수하도록 하고 있다.

③ 기타소득

기타소득이란 이자, 배당, 사업, 근로, 연금, 퇴직 및 양도소득 외의 일정한 소득을 의미한다. 기타소득 중 강연료 등 일정한 인적 용역을 일시적으로 제공하고 지급받는 대가 등에 대해서는 최소 80%의 경비를 인정해주고 있다(강연자가 자기 강의를 위해 일생 동안 교육을 받고 강의 준비

를 하는 등에 지출한 경비를 강연료의 80%까지 인정한다는 의미). 따라서 강연료 등 일정한 인적 용역을 일시·우발적으로 제공하는 사람에게 기타소득을 지급하는 경우는 강연료의 20%(80%는 경비 처리)에 한해서만 원천징수세율 22%가 부과되므로, 강연료 전체의 4.4%에 해당하는 금액만 원천징수하면 된다.

그렇다면 복권에 당첨된 경우는 어떨까. 복권 당첨은 노력의 대가가 없으므로 필요경비 또한 인정되지 않는다. 따라서 복권의 당첨 금액이 3억 이하인 경우에는 22%로, 3억 이상의 경우에는 33%의 원천징수금액을 제외한 금액을 지급받게 된다.

④ 퇴직소득

퇴직소득도 근로소득처럼 기본세율을 따르지만 실질적인 유효세율은 근로소득보다는 훨씬 낮다. 왜냐하면 '연분연승**年分年乘**법'의 적용을 받기 때문이다. 우선 연분연승법이 뭔지 알기 위해 퇴직세율을 계산하는 법을 알아보자.

2016년부터 퇴직세율이 변경되었으나 기본 개념은 퇴직소득과세표준을 근속연수로 나눈 후 5를 곱한 금액을 기본세율에 적용하고, 여기에 다시 근속연수를 곱한 뒤 다시 5를 나눠주면 산출세액이 된다. 다음 산식을 보자.

퇴직소득 산출세액 =

[퇴직소득과세표준 / 근속연수] x 5 x 기본세율 x 근속연수 x 1/5

산식을 잘 살펴보면 퇴직금 전체를 근속연수로 우선 나눈 후(연분) 기본세율을 적용, 세금을 계산한 뒤 그 세금에 다시 근속연수를 곱해(연승) 총 퇴직세액을 산출했다. 이게 바로 '연분연승법'이다. 왜 이렇게 복잡하게 계산을 할까.

저 산식에 들어가 있는 '기본세율'이 6~40%의 누진구조를 갖고 있기 때문이다. 즉 소득이 많을수록 높은 세율을 적용받는 것이다. 퇴직금의 경우 장기간(근속기간)에 형성된 소득을 한꺼번에 받는 것이기 때문에 이를 총소득으로 잡아 계산하면 대부분 최고세율을 적용받는 불이익이 발생한다. 그래서 퇴직금을 근속연수로 나눈 금액에 기본세율을 적용, 누진세율에 따른 불이익을 해소시켜 주는 것. 즉 연분연승법은 긴 기간 동안에 형성된 소득을 연평균 소득으로 나눠줌으로서 납세자들로 하여금 더 낮은 세율을 적용받을 수 있도록 하는 것이다. 고용노동부 홈페이지(www.moel.go.kr)를 통해 퇴직금을 미리 계산해볼 수 있다.

⑤ 일용근로자

일반적인 근로소득과 달리 일용근로자의 근로소득은 종합소득과세표준에 합산하지 않고, 원천징수로 과세를 종결한다. 일용근로자는 일당에서 10만 원을 공제한 금액에 6%를 곱해 산출세액을 계산하고, 이 산출세액의 55%를 차감한 금액을 소득세로 원천징수한다. 즉 일당이 10만 원 이하인 경우엔 원천징수액이 0원이며, 그 이상인 경우는 6.6% 세율을 적용받는다.

⑥ 이자·배당소득

일반적인 이자·배당소득의 경우 원천징수 14%에 지방소득세 1.4%를 합산한 15.4%가 적용되지만 비영업대금의 이익은 27.5%의 원천징수를 부담해야 한다. 비영업대금의 이익이란 금융기관이 아닌 자가 금전을 대여하고 받는 이익, 즉 '사채**私債**'를 의미한다.

급여 관리의 중요성

중소사업체의 경우 인건비의 비중이 매우 크다. 자영업자나 소기업 경영자가 최저임금에 민감한 이유가 여기에 있다. 현실적으로 급여가 세무서에 제대로 신고되지 않는 경우도 많이 있다. 원천징수의 번거로움이나 4대 보험료의 부담 때문이다.

하지만 장부 작성을 요하는 사업체의 경우 반드시 급여 신고를 해야 불이익을 받지 않는다. 인건비가 비용으로 인정되기 위해서는 객관적인 증빙 자료가 필요한데 세무서의 원천징수 신고 서류가 바로 그것이다. 즉 급여 신고를 해야만 사업체가 지출한 인건비가 비용으로 인정된다.

1인 이상의 근로자를 고용하는 사업자는 별도제외사업이 아닌 이상 모두 4대 보험 가입대상이다. 그렇다면 4대 보험을 줄일 수 있는 방법은 무엇이 있을까? 근로자 10명 미만의 소규모 사업장에서 월평균 보수가 140만 원 미만인 경우 두루누리 사회보험 지원금을 신청하면 국민연금 및 고용보험의 최대 60%를 정부에서 지원받을 수 있다. 자세한 사항은 두루누리 사회보험 홈페이지(insurancesupport.or.kr)를 참조하면 된다.

06

'공동사업'으로 세금 아끼기

창업은 하고 싶은데 자금도 부족하고, 인력도 달리고….

이럴 경우 가장 먼저 생각할 수 있는 게 바로 '동업'이다. 동업은 경제적 부담이나 위험을 분산시키고 동업자 각각의 특징을 살려 시너지를 높일 수 있는 장점이 있다. 반면 의사 결정의 주체가 복수로 분산돼 서로의 뜻이 맞지 않을 경우 사업 추동력이 급격히 떨어지는 단점도 있다. 동업자 간 욕심이 과해 사업을 망치는 일도 부지기수다. 마음이 맞는 동업자는 '천군만마'가 될 수 있지만 다른 한편으론 "사람을 떼어 놓게 하려면 동업을 하게 하라"란 말이 있을 정도로 동업의 장·단점은 뚜렷이 갈린다. 동업과 관련한 세제에 대해 자세히 알아보자.

공동사업이란 무엇인가?

세법에선 동업을 '공동사업'이라고 표현한다. 소득이 발생하는 사업을 공동으로 경영하고, 그 손익을 약정된 비율에 따라 분배하는 형태의 사업이 바로 공동사업이다. 이 경우 과세상 다양한 특례 규정이 적용되고 있다.

공동사업장에 대한 소득금액을 각자의 손익분배비율(약정된 손익분배비율이 없는 경우엔 지분비율)에 의해 나눠 가지면 각 구성원이 여기에 다른 소득을 합산해 소득세를 납부하게 된다. 이를 알기 쉽게 그림으로 표현하면 다음과 같다.

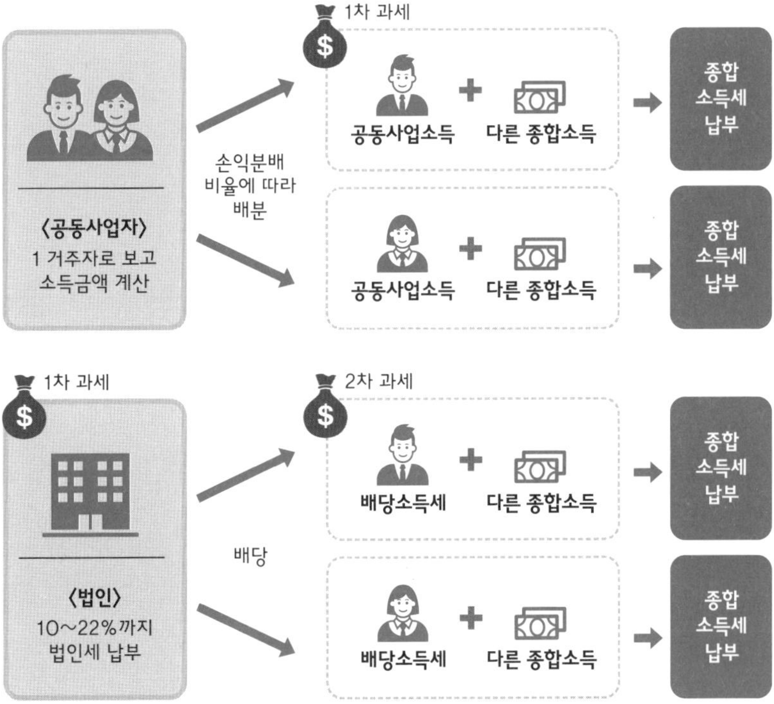

즉, 공동사업에 의해 발생하는 소득은 곧바로 과세가 이뤄지는 게 아니라, 각자의 소득금액을 각 동업자들에게 배분한 뒤 나머지 개인 소득을 합산해 소득세가 산정된다. 반면 법인의 경우 이익금에 대한 법인세가 먼저 과세된 후 나머지 금액을 동업자 격인 주주가 지분비율대로 배당으로 받고, 이에 대해 배당소득세가 부과되는 구조여서 과세 방식이 확연히 다르다.

공동사업의 절세 효과

그러면 공동사업을 하는 경우 절세의 측면에서 어떤 점이 유리할까. 소득세는 누진세율을 적용받는다. 동업을 하게 되면 1인당 소득금액과 적용받는 세율이 낮아지는 만큼 1인 기업으로 운영할 때보다 소득세를 덜 내는 효과가 있다. 보다 쉬운 이해를 위해 갑과 을이 50:50 공동사업으로 총 1억 5,000만 원의 소득을 냈다고 가정해보자.

① 1인 기업일 때의 소득세

1억 5,000만 원 × 38%(적용 세율) – 1,940만 원(누진공제액) = 3,760만 원

② 2인 공동사업일 때의 소득세(손익분배비율 갑 50 : 을 50인 경우)

갑 7,500만 원 × 24%(적용 세율) – 522만 원(누진공제액) = 1,278만 원

을 7,500만 원 × 24%(적용 세율) – 522만 원(누진공제액) = 1,278만 원

⇒ 합계 2,556만 원

절세 효과: 3,760만 원 – 2,556만 원 = 1,204만 원

만약 갑이 이 사업장으로 벌어들인 소득(7,500만 원) 외에 다른 종합소득금액 1억 원이 있다면 총 1억 7,500만 원의 소득금액에 대해 소득세를 신고하면 된다.

간혹 공동사업에 따른 절세 효과가 꼭 적용받는 세율이 낮아져야만 가능하다고 생각하는 이들이 있는데 동업 분배 소득에 대한 세율이 동업을 하지 않은 때와 같다고 하더라도 절세 효과를 볼 수 있다. 예를 들어 설명해보자. 공동사업에 의한 소득금액이 4억 원인 2인 공동사업자(손익분배비율 50:50)의 경우를 가정해보자.

① 1인 기업일 때의 소득세

4억 원 × 38%(적용 세율) – 1,940만 원(누진공제액) = 1억 3,260만 원

② 2인 공동사업일 때의 소득세(손익분배비율 갑 50 : 을 50인 경우)

갑 2억 원 × 38%(적용 세율) – 1,940만 원(누진공제액) = 5,660만 원

을 2억 원 × 38%(적용 세율) – 1,940만 원(누진공제액) = 5,660만 원

⇒ 합계 1억 1,320만 원

절세 효과: 1억 3,260만 원 – 1억 1,320만 원 = 1,940만 원

1인 기업일 때와 2인 공동사업일 때의 적용 소득세율이 똑같이 38%임에도 불구하고, 동업의 경우 2,000만 원에 가까운 금액의 절세 효과를 누릴 수 있는 걸 확인했다. 왜 그럴까.

바로 누진세율의 특징 때문이다. 누진세는 각 소득별로 적용되는 과세 표준이 다르다. 예컨대 종합소득과세의 경우 1,200만 원 이하는 6%,

1,200만 원~4,600만 원은 15%, 4,600만 원~8,800만 원은 24%, 8,800만 원~1억 5,000만 원 이하는 35%, 1억 5,000만 원 초과는 38%의 세율을 적용받는다. 단, 2017년부터는 5억 원 초과분에 대해 세율이 40%로 높아졌다.

그럼 2억 원의 소득세 계산을 어떻게 할까. 2억 원 가운데 1,200만 원은 6%, 1,200만 원~4,600만 원은 15%, 4,600만 원~8,800만 원은 24%, 8,800만 원~1억 5,000만 원 이하는 35%, 1억 5,000만 원 초과는 38%의 세율을 각각 따로 적용해 산정한다. 다만 이 산식, 너무 복잡하다. 그래서 위의 사례처럼 2억 원에 대해 세율 38%를 적용한 뒤 누진공제액을 빼주는 것이다. 그렇게 하면 각 소득 구간에 의해 달리 적용되는 세율 때문에 발생하는 계산의 복잡함을 해결할 수 있다.

그런데 위의 사례의 경우 1인 기업일 때 4억 원에 해당하는 누진공제액과 이 소득금액을 2억 원으로 쪼갤 경우의 누진공제액이 똑같다 보니(절반만 공제되는 게 아니라) 딱 누진공제액(1,940만 원) 만큼의 절세 효과를 누리게 되는 것이다.

이렇게 공동사업은 대부분의 경우 절세 효과를 누릴 수 있다.

가족과 공동사업하는 경우는?

앞서 본 대로 소득세법은 공동사업에 대해 개인 단위의 과세를 원칙으로 하고 있다. 그런데 만약 혈연·인척 등 특수관계인을 공동사업자로 하고, 손익비율을 허위로 산정할 경우 앞서 말한 '절세' 방식으로 사실상의 '탈세'가 가능하다. 그래서 이런 식으로 발생하는 소득은 세

대단위의 과세를 하고 있다. 즉 동업을 한 특수관계인의 소득을 주된 공동사업자의 종합소득에 합산해 세액을 계산함으로서 소득세 누진 부담을 회피하려는 행위를 방지하고 있다.

예를 들어보자. 갑이 아들인 을과 공동사업을 신고하는 경우는 이로부터 발생한 소득 모두를 갑의 것으로 봐 이에 대한 세액 계산을 하고 특수관계인인 을, 즉 아들은 아버지와 연대해 납세의무를 지도록 해 절세 효과가 사라지게 된다(소득세법 제43조 제3항).

형제라면 어떻게 될까. 서로 결혼도 하고 각각의 가정을 이루고 있으며 남보다는 형제끼리 사업을 하는 것이 좋을 것 같아 공동사업을 영위하는 데 특수관계자라는 이유만으로 불이익을 당하는 경우가 있을 수 있을 것이다. 그래서 세법상으론 합산대상자 기준을 '거주자 1인과 생계를 같이하는 국세기본법상의 특수관계인'으로 한정하고 있다. 즉 특수관계인일지라도 생계를 같이하지 않으면 공동사업에 대한 합산 과세는 적용되지 않는다. 앞서 예로 든 아버지와 아들의 사례 역시 만약 아들이 다른 가정을 꾸려 아버지와 생계를 함께 하지 않고 있다면 공동사업에 따른 절세를 누릴 수 있는 셈.

이 같은 절세 효과를 더욱 확실히 해두기 위해서는 '생계를 같이하지 않는 것' 외에 특수관계인끼리도 반드시 출자금액, 손익분배비율, 경영참가활동 등을 구분하는 것이 좋다.

그렇다면 투자만 하고 경영에 참가하지 않을 수도 있을까. 가능하다. 이런 자를 출자공동사업자라고 하며 이 경우에도 공동사업에 따른 과세 방식에 따라 소득세가 산정된다.

TIP

④

공동사업을 할 때 꼭 챙겨둬야 할 것들

동업 시 가장 중요한 것 중 하나가 바로 명확한 계약서의 작성이다. 물론 사업에 대한 꿈, 목표를 공유하고 발전시키는 것도 필요하지만 어떤 기준으로 손익을 산정·분배할지, 실패 시엔 어떻게 할 것인지에 대해 실무적이고 실질적인 차원에서 냉철히 문서화하는 게 좋다.

동업 계약서에 필수적으로 포함되어야 할 사항은 다음과 같다.

1. 지분율 관계

일반적으로 투자 비율 대로 하는 것이 원칙이나 별도로 다른 비율로 정하는 것도 가능하다. 예를 들어 동업자 중 일부는 투자 대신 본인의 노동력인 노무를 출자할 수도 있다.

2. 손익 산정의 기준

손익 산정 시 어떠한 방법과 기준을 적용할 것인지에 대한 사항이다. 대부분의 경우 회계기준에 따라 당기순이익을 가지고 손익을 산정하고 배분하는 경우가 많지만 다른 것을 기준으로 삼을 수도 있다(예를 들면 각각의 투자에 대한 이자비용을 우선 뺀 뒤 분배대상 이익을 산정한다는 규정 등).

3. 손익의 분배 비율

손익 산정 방법에 따라 산정된 손익(분배금)을 어떻게 분배할 것인지에 관한 내용이다. 이 역시 일반적으로 지분율에 따르지만 그 외의 것들을 고려해 비율을 정하는 경우도 많이 있다.

4. 폐업이나 동업자 탈퇴 시 정산방법

특별한 사정으로 폐업을 하거나 동업자 중 일부가 탈퇴하는 경우 어떻게 정산을 할 것인지에 대한 문제는 손익의 분배보다 더 중요한 문제다. 공동사업이 잘 안될 때 탈퇴하는 경우가 있고, 잘 되고 있음에도 탈퇴하는 경우가 있을 터. 이때를 대비해 영업권 산정 등 별도의 절차를 미리 정하지 않을 경우 큰 다툼으로 번질 가능성이 있다.

5. 기타 다툼이 있는 경우 해결 방안

동업이 다툼 없이 항상 잘 될 리 없다. 따라서 다툼이 생길 때 이를 해결할 방안을 미리 정해 놓는 것이 매우 중요하다.

부록 ①

홈택스 이용하는 법

홈택스. 국세청에서 운영하는 인터넷 국세 종합서비스다. 이것 덕분에 일반인들도 세무서나 은행에 가지 않고서도 집이나 사무실에서 편리하게 세금(국세) 신고 및 납부를 할 수 있고, 민원 증명도 발급받을 수 있게 됐다.

홈택스 가입절차

홈택스 이용을 위한 첫 번째 관문, 바로 회원가입이다. 다른 홈페이지와 절차는 비슷하다. 다만, 신원 증명을 위해 필요한 것이 있다. 만약 개인 가입자일

홈택스 가입절차

1. 회원 유형 선택 → 2. 본인 인증 → 3. 이용약관 동의 → 4. 회원정보 등록 → 가입 완료

경우 공인인증서(주민등록번호 발급분), 아이핀, 본인 명의의 휴대전화, 신용카드 가운데 하나의 정보를 기입해야 한다. 법인 및 세무대리인은 공인인증서(사업자등록번호 발급분)나 보안카드(전자세금계산서 발급분)로 가입이 가능하다.

인터넷을 통하지 않고서도 홈택스 가입은 가능하다. 가까운 세무서의 민원봉사실에서 '홈택스 이용신청서'를 작성·제출하면 된다. 이 때 구비해야 할 서류는 다음과 같다.

▶ **본인(법인은 대표자)이 직접 가입 신청하는 경우**

홈택스 이용신청서 1부와 신청자의 신분증

▶ **대리인이 신청하는 경우**

홈택스 이용신청서 1부, 위임장 1부, 위임자의 신분증(법인은 법인인감증명서) 1부, 위임 받은 자의 신분증

일부 서비스는 비회원으로도 이용이 가능하다. 개인 공인인증서를 이용해 종합소득세 및 양도소득세·증여세에 대한 신고·납부, 연말정산 소득공제자료 조회, 사업장 현황 신고서 등을 할 수 있다.

홈택스를 통해 발급받을 수 있는 서류

홈택스에선 현재 13종의 민원에 대해 발급 서비스가 가능한데 다음과 같은 서류들이다.

▶ **한글·영문 발급(10종)**

사업자등록증명, 휴업사실증명, 폐업사실증명, 납세증명서, 납세사실증명서, 부가가치세과세표준증명, 부가가치세면세사업자수입금액증명, 표준재무제표증명(개인·법인), 사업자단위과세적용 종된 사업장 증명, 소득금액증명

▶ **한글 발급(3종)**

연금소득자 등의 소득공제 명세서, 모범납세자증명, 소득확인증명서(서민형 개인종합자산관리계좌 가입용: ISA)

홈택스로 각종 신고·납부하기

홈택스의 가장 중요한 임무 중 하나. 바로 각종 세금에 대한 신고·납부를

민원 증명 이용절차

1. 홈택스 로그인	공인인증서 또는 아이디와 비밀번호로 로그인한다.
2. 민원 증명 신청	사업자등록번호가 필요한 증명일 경우 사업자등록번호 목록 중 발급받고자 하는 사업자등록번호를 선택한다.
3. 민원 증명 처리결과 조회	민원 증명 신청 후 [민원 증명 처리결과 조회]에서 본인의 신청 내역을 조회할 수 있다.
4. 발급 완료 후 프린터 출력	발급 완료된 민원 증명 건에 대해 프린터로 출력 또는 조회한다.

할 수 있도록 하는 것이다. 홈택스를 통해선 총 13가지의 세금에 대해 신고가 가능한데, 다음과 같다.

▶ 부가가치세, 법인세, 원천세, 종합소득세, 양도소득세, 증여세, 종합부동산세, 교육세, 개별소비세, 인지세, 주세, 증권거래세, 교통에너지환경세

세금이 아닌 다음 항목도 아래의 경우는 홈택스에서 신고가 가능하다.

▶ 사업자 현황 신고, 해외 금융계좌 신고, 공익법인 보고서 제출, 기부금영수증 발급 명세서, 농어업용 기자재 환급 신청

이 같은 사항들은 홈택스에서 직접 신고를 할 수도 있고, 회계프로그램 등을 변환해 국세청에서 지정한 파일로 신고할 수도 있다.

회계프로그램이 없는 경우는 홈택스에 직접 신고하면 된다. 회계프로그램 등을 사용하는 경우에는 프로그램으로 신고서를 생성한 후 제출하면 된다.

세금을 '납부'하는 것도 홈택스에서 가능하다. 다만 금융결제원의 인터넷지로시스템을 통한 납부여서 주민(사업자)등록번호로 발급된 개인 또는 법인

홈택스에 직접 신고

1. 홈택스 로그인 → 2. 신고서 작성·제출 → 3. 세금 신고접수 확인

회계프로그램을 활용한 신고

1. 신고서 작성	세무회계프로그램 등에서 신고서 작성 후 전자신고파일을 생성한다.
2. 홈택스 로그인	공인인증서 또는 아이디와 비밀번호로 로그인한다.
3. 신고서 변환·제출	형식검증, 내용검증 후 오류가 발생하면 신고서를 재작성하고, 정상일 경우 신고서를 제출한다.
4. 세금 신고 접수 확인	신고서를 제출하면 접수증이 발급되며 상호, 금액 등을 확인할 수 있다. 또한 [신고내역]에서도 접수 결과를 확인할 수 있다.

홈택스 납부절차

1. 홈택스 로그인	공인인증서 또는 아이디와 비밀번호로 로그인한다.
2. 신고·납부 선택	[신고·납부] → [세금 납부] → [국세 납부], [지방소득세 납부], [인지세 전자문서 납부]를 선택한다.
3. 세금 납부 선택 후, 지로시스템에서 계좌이체 또는 신용카드 납부	형식검증, 내용검증 후 오류가 발생하면 신고서를 재작성하고, 정상일 경우 신고서를 제출한다.
4. 세금 납부 확인	[세금납부 확인]에서는 홈택스 납부분 외의 세금 납부분도 조회 가능하며 예전에 홈택스에서 납부한 내역도 조회가 가능하다.

인터넷 뱅킹용 공인인증서가 필요하다. 즉 개인사업자용 공인인증서로는 납부가 불가하다.

홈택스 조회·발급하기

납세자 본인의 세금 신고 내역이나 납부 내역, 사업자등록 상태 등 세무정보도 홈택스에서 조회가 가능하다. 주요 서비스 내역은 아래와 같다.

▶ 세금 신고 및 납부 내역 조회

부가가치세, 법인세, 원천세, 종합소득세, 양도소득세, 증여세, 종합부동산세, 교육세, 개별소비세, 인지세, 주세, 증권거래세, 교통에너지환경세

▶ 기타 내역 15종 조회

사업자등록 상태 조회, 환급금 조회, 부가세예정고지세액 조회, 세금포인트 조회, 신용카드 매출자료 조회 등

홈택스 모바일로 이용하기

홈택스는 모바일을 통해서도 간단한 서비스의 이용이 가능하다. 국세청 홈택스 어플을 통해 간단한 세금 신고, 조회·발급, 증명·발급, 신청·제출 등 서비스들을 이용할 수 있다.

국세청 홈택스 모바일로 이용하기

1. 애플 앱스토어, 구글 플레이스토어에서 국세청 홈택스를 설치한다.

2. 앱에서는 간단한 세금 신고, 조회·발급, 증명·발급, 신청·제출, 상담 등 PC에서 가능한 대부분의 기능을 간편하게 이용할 수 있다.

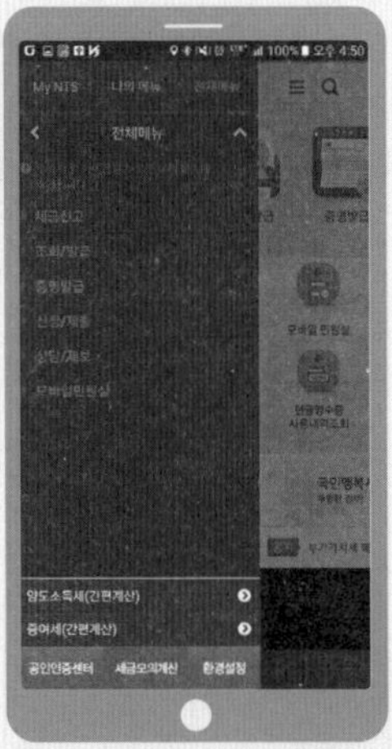

3. 메뉴에서 본인이 원하는 기능을 쉽게 찾을 수 있으며, 자주 사용하는 메뉴를 별도로 등록할 수도 있다.

4. 양도세나 증여세를 간단히 계산할 수 있다. 복잡한 경우 전문가의 조언이 필요하지만 예상되는 세금 규모를 대략적으로 파악할 수 있어 유용하다.

기장을 맡겨야 하는 시기

사업 초기엔 본인이 충분히 홈택스를 이용해 세무관리를 할 수 있다. 그러나 사업 규모가 어느 정도 커지게 되면 혼자서 매출집계, 입·출금 확인, 세금 신고 등의 업무를 감당하기 힘든 시기가 온다. '이런저런 관리 업무에 신경을 쓰느니 차라리 전문가에게 맡기고 사업에 전념하자'라는 생각이 들 때 기장을 외부에 맡기게 되는 것.

이때 하는 가장 큰 실수가 전문가에게 기장을 맡긴 채 신경을 더 이상 쓰지 않는 것이다. 회계사나 세무사에게 일정 금액을 주고 기장을 맡기는 행위를 '기장대리업무'라고 한다. 이는 말 그대로 세무대리인이 사업자를 '대리'해 세무 관련 행위를 한다는 의미이며, 이 행위의 모든 책임은 사업자 본인이 지게 된다. 따라서 대리인에게 기장을 맡기기만 하고, 신경을 쓰지 않는다면 나중에 큰 낭패를 볼 수 있다.

기장을 전문가에 맡겼다 해도 일정 기간마다 직접 홈택스를 통해 전자세금계산서를 통한 매출, 매입의 흐름 및 신용카드 사용내역 등을 지속적으로 체크해야 한다. 다만 일일이 이것들을 홈택스에서 확인하는 게 매우 번거로울 수 있다. 그럴 경우 이러한 업무를 쉽게 할 수 있는 또 다른 프로그램을 활용하면 된다. 특히 시중엔 전문적인 회계 용어를 배제하고 사업자에게 직관적 정보를 제공하는 여러 프로그램이 있다.

part 2

부자 되는 첫걸음

'절세'하고 싶다면 알아야 할 세무지식

01

종합소득세 완전정복

지금까지 사업자 등록법부터, 부가가치세 및 원천징수 등 개인사업자가 알아야 할 기초 세무상식에 대해 알아봤다.

이번에 들여다볼 내용은 '종합소득세'다. 일명 '종소세'는 개인의 각종 소득을 종합해 하나의 과세 단위로 보고 세금을 부과하는 누진세 제도. 우선 종합소득세의 전체 구조를 살펴보고, 이 가운데 창업과 관련이 있는 사업소득세는 이후 더 자세히 살펴보자.

종합소득세의 구조

소득세는 크게 종합소득세, 퇴직소득세, 양도소득세 등으로 나뉜

소득세 영역

다. 이 가운데 퇴직소득과 양도소득은 종합소득에 합산되지 않고 별도의 계산방법에 따라 소득세를 납부하게 된다. 이를 '분류과세'라고 한다. 퇴직소득세에 대해선 앞서 소개했다.

종합소득은 이자, 배당, 사업(부동산임대 포함), 근로, 연금, 일시소득 등으로 구성돼 있다.

우선 각 소득 가운데 종합소득에 포함되는 것은 금융소득, 사업·근로소득, 연금소득, 기타소득 네 가지다.

종합소득세 계산 구조

금융소득
이자소득
배당소득
사업소득
(부동산임대)
근로소득
연금소득
기타소득
종합소득금액
– 기본공제(본인, 배우자, 부양가족)
– 추가공제(경로우대, 장애인 등)
– 다자녀추가공제– 특별공제(표준공제)
– 연금보험료공제
– 주택담보노후연금이자비용공제
– 기부금공제 등
⊖ 소득공제
X 세율(6~40%)
종합소득과세표준
산출세액
– 기장세액공제
– 외국납부세액공제
– 재해손실세액공제
– 배당세액공제
– 근로소득세액공제
– 전자신고서세액공제
– 성실신고확인비용 세액공제
– 중소기업특별세액 감면 등
⊖ 세액공제 · 세액감면
– 무(과고)신고가산세
– 납부(환급)불성실가산세
– 보고불성실가산세
– 증빙불비가산세
– 무기장가산세 등
⊕ 가산세
⊖ 기납부세액
– 중간예납세액
– 수시부과세액
– 원천징수세액 등
납부(환급)할 세액

① **금융소득**(이자소득, 배당소득): 2,000만 원 초과 시 종합과세(2013년 세법 개정으로 4,000만 원에서 2,000만 원으로 축소)
② **사업소득, 근로소득**: 무조건 종합과세
③ **연금소득**: 사적연금 연 1,200만 원 초과 시 종합과세(단, 퇴직금 기반의 연금 수령은 제외)
④ **기타소득**: 300만 원 초과 시 종합과세. 단 이 기타소득은 전체 소득의 80%를 '필요경비'로 인정받는다. 즉 80% 상당의 필요경비를 차감한 기타소득금액이 300만 원을 넘는 경우 종합소득으로 신고해야 한다.

이를 반대로 생각하면 상기 요건에 해당되지 않는 일부 소득은 과세표준에 합산하지 않고, 별도의 세액납부방법(완납적 원천징수)을 통해 모든 납세의무가 종결된다는 걸 유추할 수 있을 것이다. 이를 '분리과세'라고 한다(분류과세와는 다른 개념). 예를 들어 금융소득(이자와 배당 등)의 합계가 2,000만 원 이하라면 15.4%, 기타소득이 300만 원 이하면 22%의 원천징수로 모든 납세의무가 종결된다.

종합소득세의 계산 플로우

그럼 종합소득금액을 구성하는 각각의 소득은 어떻게 계산하는지 알아보자.

종합소득금액 계산

구분	구분
이자	총수입금액 = 이자소득금액(필요경비 인정 안 됨)
배당	총수입금액 + 배당가산액(Gross-Up) = 배당소득금액
사업	총수입금액 − 필요경비 = 사업소득금액
근로	총급여액 − 근로소득공제 = 근로소득금액
연금	총연금액 − 연금소득공제 = 연금소득금액
기타	총수입금액 − 필요경비 = 기타소득금액
Σ 종합소득금액	

→

I	Σ 종합소득금액
II	− 종합소득공제
III	과세표준
IV	세율
V	산출세액
VI	− 세액공제·감면
VII	결정세액
VIII	+ 가산세
IX	− 기납부세액
X	납부할 세액

① 이자소득

이자소득은 필요경비가 전혀 인정되지 않으므로 총수입금액 모두가 이자소득금액이다.

② 배당소득

배당소득은 'Gross-Up'이라는 독특한 계산과정을 거치게 된다. 배당은 이미 법인이 법인세를 납부하고 남은 금액으로 이뤄지게 된다. 이 과정에서 발생할 수 있는 '이중과세'를 조정하기 위한 방법이 바로 'Gross-Up'이다.

'원칙적' 방법은 다음과 같다. 우선 배당금에 법인세에 해당하는 금액을 더해 배당소득금액을 산정한다. 이 소득에 대한 세금을 계산한 뒤 앞서 계산할 때 더했던 법인세 상당액을 산출세액에서 공제하면

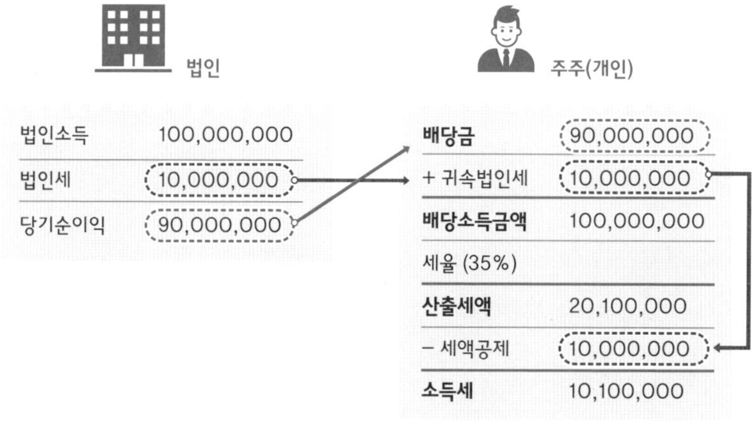

된다. 좀 더 쉬운 이해를 위해 위의 그림을 참고해보자.

여기 A씨가 지분 100%를 소유하고 있는 법인이 있다. 법인소득이 1억 원인데, 법인세(10% 가정) 1,000만 원을 납부한 후 남은 금액 전체를 배당받았다고 가정해 보자.

이 경우 A씨는 배당수입금액 9,000만 원에 배당가산액Gross-Up 금액(법인세로 낸 금액) 1,000만 원을 더한 1억 원이 배당소득금액이다. 여기에 세율을 곱해 나온 산출세액 2,010만 원에 배당가산액 1,000만 원을 차감(세액 공제)하면 된다. 즉 A씨가 부담해야 할 배당소득세는 1,010만 원이 되는 것. 결국 A씨는 법인세 1,000만 원에 배당소득세 1,010만 원을 더한 2,010만 원을 법인 운영에 따른 소득세로 내게 되는 셈이다.

다만 위의 산식은 이중과세 방지를 위한 배당가산액의 '완전 조정' 방식의 예를 든 것이다. 현행 세법은 배당가산액 비율Gross-Up Rate을

11%로 일괄 규정하고 있다. 즉 A씨의 경우 실제론 배당수입금액 9,000만 원의 11%인 990만 원을 가산하게 돼 있다. 이를 '불완전한 이중과세 조정'이라고 한다.

③ 사업소득

사업소득은 개인사업자에게 가장 중요한 부분으로 뒷 장에서 자세히 다룬다.

④ 근로소득

근로소득은 간이세액조견표(매월분의 갑종근로소득에 대한 원천징수세율표)에 따라 원천징수되며 다른 소득 없이 근로소득만 있는 경우에는 연말정산으로 모든 소득 신고가 마무리된다. 즉 별도의 종합소득 확

연금소득금액 계산구조

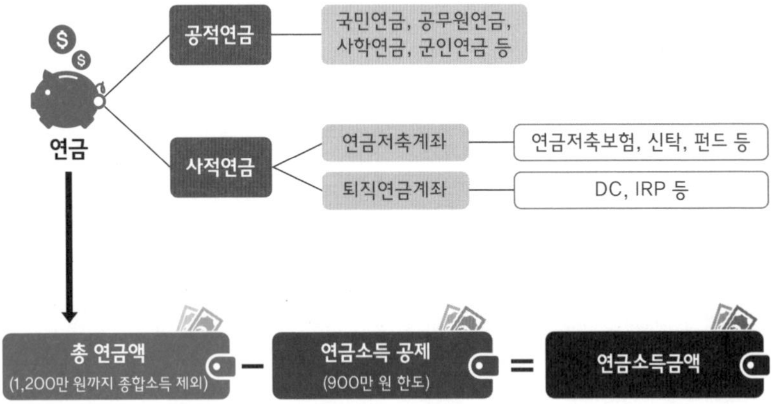

정신고가 필요 없다는 의미다.

⑤ 연금소득

연금소득의 종류 및 연금소득금액 계산구조를 살펴보자.

우선 공적연금의 경우 지급 시 연금소득간이세액표에 따라 원천징수가 되며, 본인이 낸 연금 기여분은 종합소득 계산 시 전액 소득공제된다.

사적연금은 연금저축계좌의 경우 납입액의 12~15%까지 세액공제된다(연간 400만 원 한도). 여기에 더해 퇴직연금계좌를 개설하면 연간 300만 원까지 추가로 세액공제 해택이 가능해 총 700만 원까지 세액공제가 가능하다(연간 납입가능한도는 1,800만 원).

퇴직소득과 연금소득은 서로 밀접한 관계를 가지고 있는데 퇴직자

연금계좌 구성

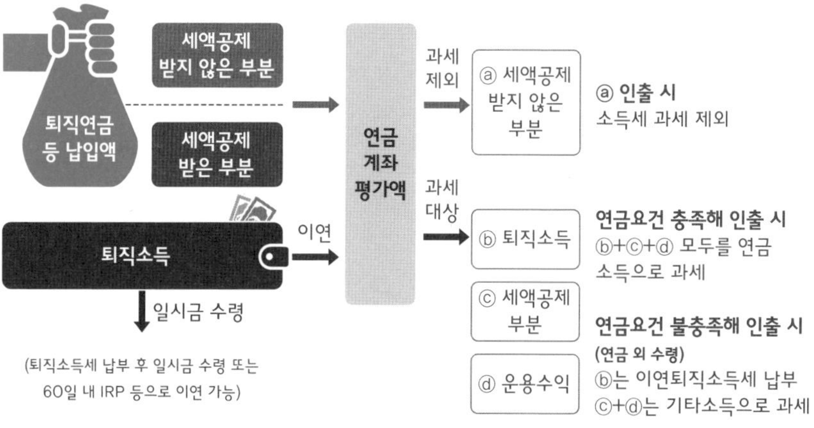

는 퇴직소득세를 납부한 뒤 퇴직금을 일시금으로 받거나, 아니면 연금 등으로 이연할 수 있는데 이를 '이연퇴직소득'이라고 한다.

결국 연금계좌의 구성은 연금저축 등 납입액(세액공제를 받지 못한 부분(ⓐ) + 공제받은 부분(ⓒ))과 이연퇴직소득(ⓑ), 그리고 계좌에서 발생된 운용수익(ⓓ)으로 구성된다.

연금 요건을 충족키 위해선 가입자가 55세 이후이며, 최소 가입일로부터 5년이 경과된 후여야 한다. 요건이 충족된 연금은 의료비를 제외한 연금 수령 한도 내에서 인출 가능하다.

위의 요건을 충족해 연금을 수령한 경우 퇴직소득 부분(ⓑ)은 연금외수령 원천징수세율의 100분의 70(즉, 바로 퇴직금을 받았다면 원천징수 당할 금액의 70%)으로 원천징수하며, 나머지 부분(ⓒ+ⓓ)은 55~70세 미만 5.5%, 80세 미만 4.4%, 80세 이상은 3.3%로 과세하게 된다. 앞서 언급한대로 사적연금액이 1,200만 원 이내일 경우 해당 연금소득에 대해 분리과세하되 납세자의 선택에 따라 추후 종합과세도 가능하다.

반면 연금 수령 요건을 충족하지 못한 경우 퇴직소득 부분(ⓑ)은 이연퇴직소득세로 과세하며, 나머지 부분(ⓒ+ⓓ)은 기타소득으로 분류돼 과세(16.5% 원천징수)한다.

⑥ 기타소득

기타소득이란 이자, 배당, 사업, 근로, 연금, 퇴직 및 양도소득 외의 소득으로 소득세법에 열거된 소득을 말한다. 필요경비가 인정되는 기타소득과 그렇지 않은 기타소득으로 구분된다.

누진세율이 적용되는 종합소득세

과세표준	세율	누진공제
1,200만 원 이하	6%	-
1,200만 원 초과 4,600만 원 이하	15%	108만 원
4,600만 원 초과 8,800만 원 이하	24%	522만 원
8,800만 원 초과 1억5,000만 원 이하	35%	1,490만 원
1억5,000만 원 초과 5억 이하	38%	1,940만 원
5억 초과	40%	2,940만 원

이런 식으로 각각 항목의 소득금액을 확정, 종합소득금액을 계산한 뒤 여기에 소득공제를 차감해 과세표준액을 정한다. 이 금액에 세율을 곱하면 (공제 및 가산세 전) 종합소득세액이 산출되는 것. 앞서 언급한 대로 종합소득세는 누진세율을 채택하고 있다.

'누진공제' 개념에 대해 간략하게 살펴보자.

예를 들어 5,000만 원의 소득이 있는 경우 누진세는 1,200만 원, 3,400만 원, 400만 원에 해당하는 구간별 세율을 적용해 각각 계산해야 한다.

그런데, 이 산식이 너무 복잡하다. 이럴 때 쓰는 게 바로 누진공제다. 이것을 이용하면 50,000,000 × 24% − 5,220,000 = 6,780,000원으로 계산이 훨씬 간편해지는 것.

구간별 세율 적용 시 종합소득세

금액	계산	세율	세액
1,200만 원	1,200만 원 4,600만 원	6%	72만 원
3,400만 원	−1,200만 원	15%	510만 원
400만 원	5,000만 원 −4,600만 원	24%	96만 원
			최종 678만 원

이런 계산을 통해 산출세액이 나오면 각종 세액공제 및 감면을 차감하게 된다. 이에 대한 것은 사업소득세와 관련이 있는 부분이 많아 뒷 장에서 보다 자세히 살펴보기로 하자. 세액공제 및 감면을 차감하게 되면 '결정세액'이 산출되고, 여기에 가산세를 더하고 이미 납부한 세금을 차감하면 최종적으로 납부해야 할 '종합소득세'가 결정된다.

종합소득세는 일반적인 경우 다음해 5월 1일부터 5월 31일까지가 신고기한이며, 성실신고확인대상 사업자의 경우는 5월 1일부터 6월 30일까지 신고하면 된다.

TIP

⑤

종합소득세 관련 추가 절세 포인트

1. 자진신고기한을 지켜라

종합소득세는 '자진신고'가 원칙이다. 그래서 제때 신고를 하지 않으면 불성실가산세로 최고 40%의 추가 세금을 낼 수 있다. 무엇보다 신고기한 안에 자진신고를 하고 납부를 하는 게 가장 기본적인 '절세' 방법인 셈이다.

2. 가능한 모든 금융상품을 활용하라

직장인은 물론 자영업자인 경우에도 연금저축을 활용하면 400만 원까지 12~15%로 세액공제가 가능하다. 특히 자영업자의 경우 노란우산공제로 연간 최대 300만 원까지 추가 소득공제가 가능하다. 300만 원을 소득공제할 경우 과세 표준에 따라 19만 8,000원부터 최대 125만 4,000원까지 세금을 아낄 수 있다. 노후 보장도 되고 합법적으로 절세도 할 수 있는 상품이니 알아두면 좋을 듯하다. 이와 관련해선 노란우산공제 홈페이지(www.8899.or.kr)를 통해 더욱 자세한 내용을 확인할 수 있다.

3. 연말정산 때 놓친 공제금액이 있다면

지난 연말정산 때 놓친 항목이 있다면 소득세 신고기한에 정정이 가능하다. 예를 들면 연말정산 당시 빼먹었던 시력교정용 안경 또는 콘택트렌즈 구입비(1년간 50만 원 한도) 등이 추가로 있다면 종합소득세 공제 신고 시 세액공제를 받을 수 있다. 의료비 영수증 등의 누락이 있는 경우도 신고를 통한 추가 환급이 가능하니 꼼꼼히 살펴보자.

4. 홈택스 서비스를 이용하라

종합소득세는 신고서를 작성, 주소지 관할 세무서에 신고하면 되지만 앞에서 소개한 국세청 홈택스를 통해 간편하게 신고하는 방법도 있다.

또한 소득 종류가 하나이고 수입금액이 업종별로 일정 금액 미만인 영세자영업자들이 간편하게 이용할 수 있도록 미리 납부할 세액까지 모두 알아서 계산해주는 '모두 채움 신고서'를 이용하면 세무서 방문 없이도 간편하게 신고할 수 있다.

02
새는 돈 잡는 사업소득세 납부전략

앞에서 소개한 종합소득세 가운데 개인사업자들이 가장 확실히 알아둬야 할 '사업소득세'에 대해 설명할 차례다.

사업소득세란 무엇인가?

우선 '사업소득'의 정의부터 짚고 넘어가야 할 것 같다. 사업소득은 자기의 계산과 책임 아래 이뤄지는 반복적인 영리 활동을 통해 벌어들인 돈을 의미한다. 여기서 '자기의 계산과 책임'이란 말은 사업자의 '독립성'을 강조한 표현으로 근로소득과 사업소득을 구분하는 기준이 된다(즉 독립성 없이 누구에게 대가를 받고 일을 하는 것은 근로소득이라 한다). '반복적 영리 활동'이란 표현 역시 일시·우발성을 특징으로 하는 양도소득, 기타소득과 사업소득을 구분키 위함이다. 예컨대 본인 부동산을 일시적으로 누군가에게 임대했다면 '양도사업', 이 일이 주업이라면 '사업소득(부동산 매매업)'으로 분류된다.

앞 장의 '종합소득세 완전정복' 편을 통해 종합소득세의 전체 구조를 설명한바, 사업소득은 총 6가지 종류로 나뉘는 종합소득 가운데 하나다.

사업소득금액 계산하기

사업소득세를 계산하려면 납부세액의 근거가 되는 금액, 즉 '사업소득금액'(❺)이 얼마인지를 먼저 알아야 한다. 사업소득금액은 사업을 통해 벌어들인 총 금액(❶ 총수입금액)에서 사업에 들어간 비용(❸ 필요경비)을 빼면 된다.

우선 '총수입금액'(❶)은 소득세법 시행령 제 51조에 해당하는 금액으로 사업을 통한 일반적인 매출과 판매장려금, 과세환급금, 사업과 관련한 자산수증익(사업 과정에서 무상으로 늘어난 자산) 등이 포함된다.

추가로 설명해야 할 건 부동산임대업보증금의 간주임대료다. A사업자는 월세만을 받고, B사업자는 '보증금+월세'를 받는다고 가정해 보자. 만약 월세소득만 총수입금액에 포함된다면 두 사업자 간 형평성에 문제가 발생한다. 따라서 보증금에 일정한 이율을 곱한 금액을 총수입금액에 포함하게 된다.

사업소득금액 계산

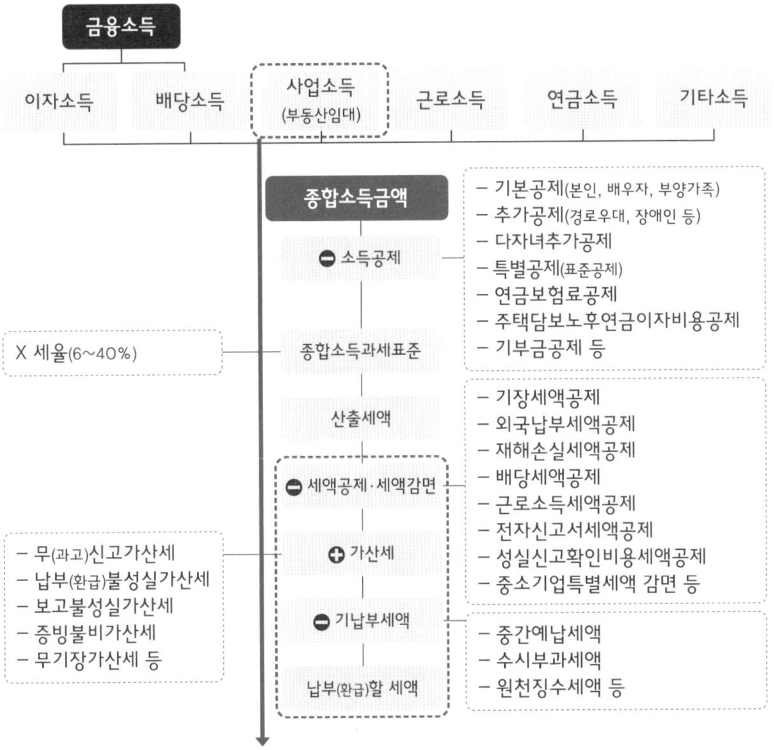

구분	내용
사업소득범위	**소득세법 19조의 19개 업종에서 발생**
❶ 총수입금액	**소득세법 시행령 제51조에 해당하는 금액** 일반적인 매출, 판매장려금, 부동산임대업보증금의 간주임대료, 관세환급금, 사업과 관련된 자산수증익 등
❷ 총수입금액 불산입	**소득세법 제26조에 해당하는 금액은 포함하지 않음** 이자수익, 배당수익, 유형자산 처분이익, 부가세 매출세액
❸ – 필요경비	**소득세법 시행령 제55조에 해당하는 금액** 매입액, 종업원 인건비(대표자 제외), 수선비 유지비 임차료 등 사업에 사용된 차입금이자, 세법에 따른 감가상각비, 대손상각비, 접대비, 판매장려금, 기타 사업 관련 경비
❹ 필요경비 불산입	**소득세법 제33조에 해당하는 금액은 포함하지 않음** 가사 관련 지출비용, 유형자산처분손실
❺ 사업소득금액	**총수입금액 – 필요경비**

총수입금액에 포함되지 않는 금액, 즉 '총수입금액 불산입'(❷)은 소득세법 제26조에 해당하는 항목이다. 구체적으로 알아보면 우선 이자소득이나 배당소득은 '금융소득'으로 분류되므로 사업소득에 포함되지 않는다. 물론 금융소득도 '종합소득'의 한 부분이다. 유형자산을 처분하면서 발생한 이익도 개인사업자의 경우에는 포함되지 않는다.

지금까지 설명한 총수입금액(❶)에서 필요경비(❸)를 빼면 사업소득금액(❺)이 된다는 것을 파악했다. 이제 필요경비에 대해 알아볼 차례다.

우선 대표자의 인건비는 당연히 필요경비에 포함되지 않는다. 사업을 하면서 들어간 접대비나 감가상각비(시간이 지날수록 가치가 줄어드는 기물·설비 등의 가치 감소분을 보전한 비용)나 대손상각비(상품의 분실, 판매대금의 결손 등 회수 불가능한 채권을 비용으로 처리한 것) 등은 세법에서 정한 금액을 한도로 필요경비가 인정된다.

이 필요경비에도 포함되지 않은 금액(❹ 필요경비 불산입)이 있다. 사업자가 개인적으로 지출한 비용(병원비, 교육비, 쇼핑 등)이나 유형자산을 처분하면서 발생한 '손실액'은 필요경비로 인정되지 않는다.

지금까지 사업소득 계산(총수입금액 - 필요경비)에 필요한 사항을 설명했다. 이렇게 해서 나온 사업소득을 나머지 5개 소득(이자소득·배당소득·근로소득·연금소득·기타소득)과 합하면 '종합소득금액'이 되는 것이다.

종합소득세 산출과정

지금까지 종합소득금액을 구성하는 여섯 개의 소득을 소개했다.

그럼 이렇게 산출된 소득금액에 세율을 곱하면 세금이 결정될까. 그렇지 않다. 아직도 꽤 많은 과정이 남아 있다.

우선 종합소득금액 자체를 줄여줄 수 있는 '소득공제'가 있다. 소득세법상 소득공제와 조세특례제한법상 소득공제가 있으며 여기서 소득세법상 종합소득공제만 간단히 설명하면 아래 표와 같다.

종합소득금액에서 소득공제액을 빼면 과세 기준이 되는 금액(종합소득과세표준)이 나온다. 종합소득과세표준액에 해당되는 기본세율(6~40%)을 적용하면 산출세액이 나오는 것. 이렇게 계산된 세금을 이제 납부하면 될까. 아니다. 아직 소득세액을 감액·증액하는 과정이 남아 있다.

우선 내야 할 소득세 자체를 줄이는 게 바로 세액공제·세액감면이다. 이에 더해 소득세에만 존재하는 공제로는 간편장부(소규모 사업자를 위해 국세청이 고안한 약식 장부) 대상자가 복식부기(사업에서의 자산·자본의 증감과 그 결과를 계정과목을 통해 대변(우변)과 차변(좌변)으로 구분해 이중 기록·계산이 되도록 하는 부기 형식)를 할 경우 혜택을 누릴 수 있는 기장세액공제

소득세법상 종합소득공제

종류	소득공제
종합소득자	인적공제, 연금보험료공제
연금소득자	주택담보노후연금이자비용공제
근로소득자	보험료소득공제, 주택자금소득공제 주택마련저축의 납입금공제

(산출세액×20%, 100만 원 한도)가 있다.

나아가 조세특례법상 세액공제로는 중소기업특별세액감면과 창업중소·벤처기업에 대한 세액감면이 있다는 점 정도만 알아두고, 나머지 부분은 회계사나 세무사의 조언을 받는 게 좋다. 반면 정당한 이유 없이 법에 규정된 신고 납세 등 각종 의무를 위반한 경우에는 가산세를 납부해야 한다.

이제 실제 납부해야 하는 종합소득세 계산을 위한 마지막 절차, 이미 납부한 금액(기납부세액)을 빼는 일만 남았다. 기납부세액은 중간예납과 수시부과, 원천징수세액으로 나뉜다. 우선 원천징수와 관련해선 앞 장의 '원천징수 파헤치기'를 참고하자. 수시부과는 과세를 해야 할 긴급한 사유(정당한 사유 없이 장기간 휴·폐업 상태에 있는 경우 등 조세를 포탈할 상당한 우려가 있거나 사업자가 폐업신고를 한 경우)가 있을 때 납부한 세금을 의미한다.

중간예납은 중간예납기간(1월 1일부터 6월 30일까지)에 대해 중간예납세액을 결정, 11월 30일까지 납부하는 것으로 전년도 소득세 납부액의 절반 금액을 고지받아 납부할 수 있거나 실적이 전년에 못 미치는 경우에는 6월 30일까지 가결산을 해서 납부할 수도 있다.

이렇게 이미 납부한 소득세(기납부세액)를 최종적으로 빼주면 개인사업자가 납부해야 할 최종 '종합소득세'가 산출되는 것이다.

TIP

6

영세사업자가 기장하는 법

개인사업 소득은 규모 편차가 매우 크다. 흔히 동네에서 작은 식당을 경영하는 사람도 개인사업자이지만 매출이 중견기업에 맞먹는 경우도 있다. 1,000억 원 이상의 연 매출을 내는 개인사업자도 있다.

그러나 역시 개인사업자들은 '영세'한 경우가 대부분이다. 이런 일정 매출액 이하를 벌어들이는 사업자에 대해선 앞서 소개한 대로 복식부기가 아닌 간편장부를 통해 소득세를 신고하는 제도(간편장부대상자제도)가 있다. 이에 해당하는 개인사업자들은 매출액 등 수입에 대한 사항과 경비지출에 관한 사항, 고정자산 증감에 대한 사항 등 최소 내역만 장부에 기재하면 된다.

그런데 이것마저 하지 않는다면 어떻게 될까. 추계推計에 의한 결정·경정(고침)을 한다. 추계란 장부가 없거나 중요한 부분이 미비 또는 허위인 경우 과세당국이 납부액을 직접 결정·경정하는 것을 의미한다. 추계 역시 기준경비율(직전연도 수입금액이 업종별 기준금액을 초과하는 경우) 적용 대상자와 단순경비율(직전연도 수입금액이 업종별 기준금액에 미달한 경우) 적용 대상자로 나뉜다.

우선 당해년도 신규 사업자의 경우 간편장부 대상자다. 만약 추계 신고 시 수입금액이 복식부기 의무자에 해당할 정도로 크면 기준경비율 대상자가 된다. 또 변호사, 회계사 등 전문직의 경우는 수입금액에 상관없이 모두 복식부기 의무자다.

간편장부 대상자에 해당하는 개인사업자들은 일자, 거래내용, 거래처, 수입, 비용, 고정자산 증감 등을 간편하게 기록하면 된다.

간편장부 대상자 및 추계 기준

업종별	원칙: 복식부기 의무자	원칙: 간편장부 대상자	예외(추계): 기준경비율 적용대상자	예외(추계): 단순경비율 적용대상자
(가) 농업 및 임업, 어업, 광업, 도매업 및 소매업, 부동산 매매업, 아래 (나)와 (다)에 해당하지 아니하는 업	3억 원 이상	3억 원 미만	6,000만 원 이상	6,000만 원 미만
(나) 제조업, 숙박 및 음식점업, 전기, 가스, 증기 및 수도사업, 하수, 폐기물처리, 원료 재생 및 환경복원업, 건설업, 운수업, 출판, 영상, 방송통신, 및 정보서비스업, 금융 및 보험업	1억 5,000만 원 이상	1억 5,000만 원 미만	3,600만 원 이상	3,600만 원 미만
(다) 부동산임대업, 전문과학 및 기술 서비스업, 사업시설관리 및 사업, 지원서비스업, 교육서비스업, 보건업 및 사회복지서비스업, 예술, 스포츠 및 여가 관련 서비스업, 협회 및 단체, 수리 및 기타 개인 서비스업, 가구 내 고용활동	1,500만 원 이상	1,500만 원 미만	2,400만 원 이상	2,400만 원 미만

간편장부 예시

일자	거래내용	거래처	수입		비용		고정자산증감		비고
			금액	부가세	금액	부가세	금액	부가세	
1.5	OO판매 (외상)	A상사	10,000,000	1,000,000					세계
1.9	△△판매 (현금)	B제지	5,000,000	500,000					세계
1.15	OO구입 (외상)	C상사			5,000,000	500,000			세계
1.17	▽▽구입 (현금)	D상사			2,000,000				영
1.20	거래처접대 (현금)	E회관			200,000				영

다음으로 추계에 의한 방식 중 기준경비율 적용 대상자를 살펴보자. 여기에 해당하는 사업자들은 다음의 ①, ② 중 작은 금액으로 소득세액이 결정된다.

기준경비율 소득금액 = MIN [① , ②]

① 소득금액 = 수입금액 − 주요경비* − (수입금액 × 기준경비율[1])

② 소득금액 = {수입금액 − (수입금액 × 단순경비율)} × 배율[2]

* 주요경비 = 매입비용 + 임차료 + 인건비

** 기준경비율·단순경비율 수치는 업종별로 상이하며, 국세청이 정함

1 : 복식부기 의무자의 경우 추계과세 시 기준경비율의 2분의 1을 적용하여 계산

2 : 2015년 귀속 배율 : 간편장부 대상자 2.4배, 복식의무자 3.0배(2016년은 간편장부 대상자 2.6배, 복식의무자 3.2배로 상향 조정됨)

가장 영세한 사업자들인 단순경비율 적용 대상자의 소득세 계산은 다음과 같다.

단순경비율 소득금액 = 수입금액 − (수입금액 × 단순경비율)

이제 복식부기 대상자에 대해 알아보자. 영수증 등 증빙자료를 통해 거래사실을 장부에 기록하는 것을 '기장'이라고 한다. 원칙적으로 복식부기 대상자는 기장할 경우 절세를 할 수 있고, 적자가 난 경우엔 향후 10년간 종합소득세 계산 과정에서 이를 공제받을 수 있다. 또한 차량 등 고정자산에 대한 감가상각비를 경비로 인정받을 수 있고, 추후 대출 업무 등에 필요한 재무제표증명원을 발급받을 수도 있다. 반면 복식부기자 대상자가 추계로 계산한다면 20%의 신고불성실가산세와 납부불성실가산세 등이 부과된다.

그럼 원칙적인 '장부기장'을 통해 소득세를 납부하는 경우와 '추계'에 의한 납부가 실제 어떻게 차이가 나는지 사례를 들어 살펴보자.

전년도 매출 기준 간편장부 대상자이며, 올해 매출이 1억 원에 인건비, 임대료, 재료비 등 주요 경비가 6,000만 원 그리고 기타 경비가 2,000만 원이 소요된다고 했을 때를 가정해 종합소득세의 차이를 비교해보자. 해당 기준경비율은 10%, 단순경비율은 65%이며, 기획재정부령으로 정하는 배율은 2.4배다(소득공제는 300만 원 가정). 추계의 경우 기준경

주요 경비 입증에 따른 소득세 차이

구분	원칙	추계		
		기준경비율 (10%)		단순경비율
	장부기장	주요 경비 입증 시	주요 경비 미입증 시	
① 매출액(총수입금액)	100,000,000	100,000,000	100,000,000	100,000,000
② 주요경비	60,000,000	60,000,000		65,000,000
③ 기타경비	20,000,000	10,000,000		
④ 소득금액(①-②-③)	20,000,000	30,000,000	84,000,000	35,000,000
⑤ 소득공제	3,000,000	3,000,000	3,000,000	3,000,000
⑥ 과세표준(④-⑤)	17,000,000	27,000,000	81,000,000	32,000,000
⑦ 산출세액	1,470,000	2,970,000	14,220,000	3,720,000
⑧ 기장세액공제	294,000	–	–	–
⑨ 무기장가산세	–	594,000	2,844,000	744,000
⑩ 납부세액(⑦-⑧+⑨)	1,176,000	3,564,000	17,064,000	4,464,000

※ 기준경비율 MIN [①+②]
① 100,000,000 – 주요 경비(60,000,000) – 수입금액(100,000,000) X 기준경비율(10%) = 30,000,000
② {100,000,000 – (100,000,000 X 단순경비율(65%))} X 배율(2.4) = 84,000,000

※ 단순경비율 100,000,000 – (100,000,000 X 단순경비율(65%)) = 35,000,000

비율에 해당하지만, 단순경비율도 비교해보기 위해 함께 계산을 해봤다.

매출액을 1억으로 가정했을 때 장부기장을 했을 경우에는 종합소득세가 117만 6,000원으로 가장 적게 나온다. 반면 기준경비율 대상자가 주요 경비를 입증하지 못했을 때 납부해야 할 소득세는 무려 1,706만 4,000원으로 기장을 할 때에 비해 무려 1,588만 8,000원이나 더 많이 나왔다.

이제 알 수 있을 것이다. 귀찮고 힘들다는 이유로 장부기장을 하지 않을 경우 얼마나 큰 손해를 볼 수 있는지. 여력이 안 돼 추계에 의한 계산을 할 경우에도 최소한 임대료, 인건비, 매입비용 등 주요 경비에 대한 증빙 확보는 꼭 해둬야 한다.

성실신고사업자 대상 기준

업종별	기준 수입금액
1. 농업 및 임업, 어업, 광업, 도매업 및 소매업(상품중개업 제외), 부동산매매업, 아래 2와 3에 해당하지 아니하는 사업	20억 원 이상
2. 제조업, 숙박 및 음식점업, 전기, 가스, 증기 및 수도사업, 하수, 폐기물처리, 원료재생, 환경복원업, 건설업, 운수업, 출판, 영상, 방송통신 및 정보서비스업, 금융 및 보험업, 상품중개업	10억 원 이상
3. 부동산임대업, 부동산 관련 서비스업, 임대업(부동산임대업 제외), 전문, 과학 및 기술서비스업 등	5억 원 이상

마지막으로 성실신고확인제도에 대해 소개하고자 한다. 성실신고확인제도란 일정 수입을 올리는 대상자가 세금 신고 전 회계사·세무사에게 신고 내용을 확인받도록 한 제도다. 지난 2011년 도입된 이 제도는 사업자의 과표를 양성화하고, 세무조사에 들어가는 행정력 낭비를 막는 데 그 목적이 있다.

성실신고사업자의 대상은 기준 수입금액에 따라 나뉜다.

대상자에 해당하는 경우 신고기한은 일반 신고자보다 한 달 연장된 다음 연도 6월 30일까지다. 100만 원 한도 내에서 회계사·세무사를 거쳐 확인된 신고 비용의 60%까지 세액공제가 가능하며 의료비, 교육비 공제도 추가로 가능하다.

TIP

7

종합소득세 절세 비법

1. 기장을 하기 힘들다면 간편장부라도 꼭 하는 게 좋다

위에서 언급한 대로 간편장부 대상자에 해당한다면 추계에 의한 방법(기준경비율, 단순경비율)보다는 간편장부를 활용하는 게 훨씬 큰 절세를 할 수 있다. 더 나아가 간편장부 시 이월결손금도 공제받을 수 있다. 적자가 난 경우엔 향후 발생한 소득에서 10년간 공제가 가능하다. 또 감가상각비 등을 필요경비로 인정받을 수도 있고, 산출세액의 20%(100만 원 한도)를 기장세액공제로 받을 수 있다.

2. 기장 시 반드시 이에 대한 증빙을 보관해야 한다

증빙 서류가 없어도 기장은 가능하다. 다만 장부에 기록된 내용이 사실인지 여부가 확인되지 않으므로 비용 인정을 받을 수가 없다. 즉 비용을 지출할 때마다 증빙서류를 챙겨놔야 한다. 다만, 건당 거래금액(부가세 포함)이 3만 원 이하일 때 등 특수한 경우에는 적격증빙서류를 받지 않아도 되며, 이에 대해선 증빙불비가산세도 부과되지 않는다(간이영수증 등으로 보완).

3. 사업실적이 부진한 경우엔 중간예납추계액 신고를 하는 게 좋다

앞서 기납부세액 부분에서 중간예납액에 대하여 설명한 바 있다. 국세청은 종합소득이 있는 사업자에 대해 1월 1일부터 6월 30일까지를 중간예납 기간으로 해 전년도 종합소득세액의 50%를 고지·징수하는데, 이게 바로 중간예납이다. 그런데 만약 사업실적이 현저히 부진, 올해 중간예납추계액이 전년도의 30% 미만이라면 해당 추계액을 중간예납세액으로 바꿔 낼 수 있다. 부진한 사업 실적에 맞춰 당해연도의 중간 예납액을 낮춰 낼 수 있다는 것. 관련 장부를 근거로 계산한 중간예납추계액을 11월 30일까지 근거 서류와 함께 신고하면 된다.

03

합법적으로 양도소득세 적게 내는 방법

양도소득세에 대해 알아볼 차례다. 앞서 종합소득세에 대해 설명한바, 양도소득세는 종합소득세, 퇴직소득세와 함께 소득세의 일부분을 구성하고 있다.

양도소득세란 개인이 토지·건물 등 부동산이나 주식, 분양권 등에 관한 권리를 타인에게 양도하며 발생하는 이익(소득)에 대한 세금을 뜻한다. 과세 대상인 부동산 등을 처음 취득한 날부터 양도일까지의 보유기간 동안 발생한 이익에 대해 양도시점에 일시 과세를 하는 게 바로 양도소득세다.

소득세 영역

종합소득세	퇴직소득세	양도소득세
종합소득금액 ⊖ 종합소득공제	퇴직소득금액 ⊖ 퇴직소득공제	양도소득금액 ⊖ 양도소득공제
종합소득과세표준 ⊗ 기본세율	퇴직소득과세표준 ⊗ 기본세율	양도소득과세표준 ⊗ 양도소득세율
종합소득산출세액 ⊖ 감면공제세액	퇴직소득산출세액 ⊖ 감면공제세액	양도소득산출세액 ⊖ 감면공제세액
종합소득결정세액 ⊕ 가산세	퇴직소득결정세액 ⊕ 가산세	양도소득결정세액 ⊕ 가산세
종합소득총결정세액 ⊖ 기납부세액	퇴직소득총결정세액 ⊖ 기납부세액	양도소득총결정세액 ⊖ 기납부세액
종합소득 차감납부세액	퇴직소득 차감납부세액	양도소득 차감납부세액

양도소득세의 계산… 어떻게?

양도소득세의 계산 구조를 살펴보자.

① 양도차익의 산정(❶~❹)

양도세 계산에서 가장 기본이 되는 것. 바로 과세 대상을 양도하며 생긴 이익금(양도차익)이 얼마인지 산출하는 과정이다. 우선 양도하면서 받은 금액(양도가액)에서 취득가액(부동산 등을 처음 살 때 지불한 돈)을 빼고, 여기서 양도 대상을 보유하며 쓴 돈(필요경비)을 제외하면 된다. 실지거래가액을 기준으로 계산하는 게 원칙이다.

양도소득세 계산구조

❶ **양도가액**: 부동산 등의 양도 당시 실지거래가액

−

❷ **취득가액**: 부동산 등의 취득 당시 실지거래가액
(실지거래가액을 확인할 수 없는 경우 매매사례가액, 감정가액, 환산취득가액 적용 가능함)

−

❸ **필요경비**: 실가: 설비비·개량비, 자본적 지출액, 양도비
매매사례가액, 감정가액, 환산취득가액은 기준시가의 3% 적용

=

❹ **양도차익**: 양도가액 – 취득가액 – 필요경비

−

❺ **장기보유특별공제**: (토지·건물의 양도차익) X 공제율

보유기간	3년~	4년~	5년~	6년~	7년~	8년~	9년~	10년~
1세대 1주택 외	10%	12%	15%	18%	21%	24%	27%	30%
1세대 1주택	24%	32%	40%	48%	56%	64%	72%	80%

=

❻ **양도소득금액**: 양도차익 – 장기보유특별공제

−

❼ **양도소득기본공제**: 250만 원(미등기 양도자산은 적용 배제)

=

❽ **양도소득과세표준**: 양도소득금액 – 양도소득기본공제

×

❾ **세율**: 양도소득세율표 참조

=

❿ **산출세액**: 양도소득과세표준 X 세율

−

⓫ **세액공제+감면세액**: 외국납부세액공제와 조세특례제한법상 감면세액

↓

⓬ **자진납부할 세액**: 산출세액 – (세액공제 + 감면세액)

양도소득세 과세 대상

토지	지적법에 의하여 지적공부에 등록해야 할 지목에 해당하는 것
건물	시설물과 구축물 포함
부동산에 관한 권리	아파트 당첨권, 지상권, 전세권, 등기된 부동산 임차권 등
주식 또는 출자지분	상장, 코스닥의 경우 소액주주 장내거래는 제외
비상장 법인의 주식	
파생상품 등	2016년부터 시행
기타	사업용 고정자산과 함께 양도하는 영업권, 회원권 등, 과점주주가 소유한 특정주식, 부동산 과도보유법인의 주식

이런 계산보다 더 중요한 게 뭘까. 바로 양도의 개념과 대상은 무엇인지, 또 양도에 해당하지 않는 것(비과세 및 감면)은 무엇인지 아는 것이다.

양도란 자산에 대한 등기·등록에 관계없이 매도·교환·법인에 대한 현물출자·대물변제 등으로 인해 유상으로 사실상의 소유권이 이전되는 것을 말한다. 예를 들어 채무를 갚기 위해 본인 부동산을 넘겼을 경우(대물변제)는 그 행위로 인해 소멸된 채무만큼 양도에 해당되고, 이에 따라 당연히 양도소득세가 부과된다.

양도소득세의 과세 대상을 구체적으로 살펴보자.

만약 개인사업자가 사용하던 기계(사업용 고정자산)를 타인에게 매각한 경우 양도세를 낼까. 그렇지 않다. 위에 열거한 양도소득세 과세 대상에 해당하지 않기 때문이다.

양도소득세 과세 대상이긴 하나 이런저런 정책상의 이유로 비과세

양도소득세가 비과세 감면되는 대상

비과세	감면

1세대 1주택 양도	8년 이상 자경농지의 양도
농지의 교환 및 분합 등	자경농지의 대토
	장기임대주택, 신축임대주택의 양도 등

되거나 감면되는 것도 있다. 특히 이 가운데 1세대 1주택 양도와 관련해선 내용이 방대하고 복잡하다. 대략적으로 설명하면 다음과 같다.

우선 특정 요건을 갖춘 1세대 1주택과 부수 토지에 대한 양도는 과세를 하지 않는다. 비과세 요건으로는 ⓐ 1세대가 양도일 현재 국내에 1주택만 보유하고 있고, ⓑ 보유기간 2년 이상, ⓒ 9억 원 이상의 고가주택 또는 미등기 양도 자산에 해당하지 않아야 한다.

'1세대'란 거주자 및 배우자가 그들과 동일한 주소 또는 거소에서 생계를 같이하는 가족과 함께 구성하는 집단을 의미한다(배우자가 없어도 30세 이상이거나 소유주택을 유지하면서 독립된 생계를 유지할 정도의 소득이 있는 경우 1세대로 본다).

그렇다면 부부 간 각각 단독세대를 구성하는 경우는 어떨까. 이 경우는 1세대로 본다. 즉 부부가 각각 주택을 보유하고 있다면 1세대 2주택자가 돼 과세 대상자가 되는 것이다.

반면 같은 집 내에서 1층엔 부모가, 2층엔 자녀 가족들이 거주하는 경우는 어떨까. 이것은 별개의 세대로 본다(이를 1세대로 볼 경우 부모와 자식이 합해 1주택까지만 비과세되므로 손해다).

또한 1세대 2주택을 보유하더라도 신규주택 취득을 위한 일시적인 경우나 상속으로 인한 2주택, 동거·봉양을 위한 2주택, 혼인으로 인한 2주택, 취학·질병·근무상 형편 등 부득이한 사유로 인한 2주택의 경우엔 비과세 특례 규정을 받을 수 있다(즉 비록 2주택이더라도 일정기간 내 양도하는 경우 비과세가 됨).

이처럼 1세대 1주택과 관련해선 많은 사람들의 이해관계가 첨예하게 얽혀 있고, 이에 따라 특례규정 및 예규도 상당하므로 전문가의 조언을 받는 게 더 좋다.

지금까지 양도의 개념, 대상, 비과세 적용 기준 등을 살펴봤다. 위의 설명에 의거해 당신의 자산 매각 행위가 양도에 해당한다면 우선 2007년 이후 모든 부동산 거래는 실지거래가액에 의해 세금 계산이 이뤄진다. 반면 2007년 이전 거래에 대해선 '기준시가'에 의한 과세가 원칙. 그렇다면 기준시가란 무엇일까.

기준시가란 양도소득세 과세대상 자산을 타인에게 넘기는 경우 실제 거래 가격 대신 사용하는 과세 기준이다. 정부가 하나의 물건에 대해 획일적인 방법으로 과세하기 위해 결정한 가액이 바로 기준시가다.

우선 '토지'의 경우 우리가 흔히 말하는 '개별 공시지가', 즉 국토교통부가 조사·평가해 공시한 토지의 단위면적(㎡)당 가격이 바로 기준시가다. 일반 건물의 경우는 국세청장이 통상 매년 1월 1일에 산정 방법을 고시하고 있다(현재 부동산의 기준시가는 재산세의 부과기준으로 사용되고 있다. 양도소득세가 실지거래가액 원칙을 가지고 있음에도 기준시가의 개념이 많이 사

환산취득가액 계산

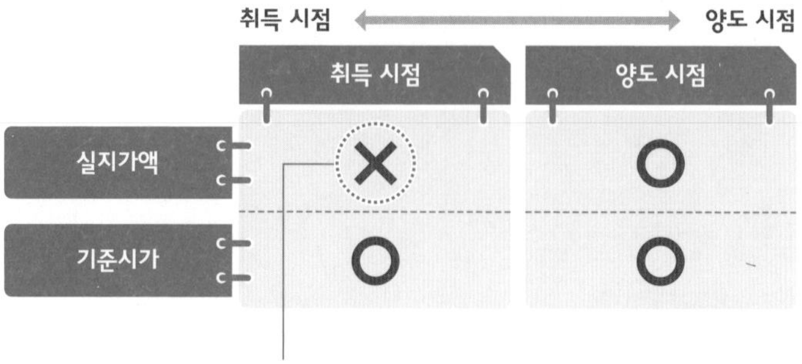

환산취득가액 계산식
양도 당시 실지거래가액 X (취득 당시의 기준시가 / 양도 당시의 기준시가)

용되고 있다).

기준시가는 언제 사용하는지 살펴보겠다. 오래된 토지를 양도하는 경우를 생각해보자. 양도 시 실지거래가격은 알지만 처음에 해당 토지를 취득한 가격(취득가액)은 불분명할 수 있다. 이처럼 시간이 너무 오래돼 취득가액을 알 수 없을 때에는 매매사례가액, 감정가액, 환산가액 순으로 순차 적용해 신고를 해야 한다. 실무상 토지는 적용할 만한 매매사례가액이나 감정가액이 없는 경우가 대부분. 그러면 '환산가액'을 취득가액으로 삼아 양도세를 계산하는데, 이때 기준시가를 이용하는 것이다(기준시가는 80년 초반부터 고시돼 있으므로 환산 기준이 될 수 있기 때문).

필요경비는 실지거래가액을 양도소득세의 사정 기준으로 삼을 경우 취·등록세, 부동산수수료, 자본적 지출비용 등이 100% 인정된다. 반면 매매사례가액이나 감정가액, 환산가액을 적용할 경우에는 취득

당시 기준시가의 3%를 필요경비로 인정한다(이를 필요경비 개산공제액이라고 한다).

② 장기보유특별공제(❺)

지금까지 양도차익을 산정하는 방법을 알아봤다. 여기서 양도소득금액, 즉 양도소득세를 부과할 기준이 되는 금액을 계산하기 위해서는 또 다른 절차가 남아 있다. 양도차익에서 장기보유특별공제액을 빼는 일이다.

장기보유특별공제란 오랜 기간 부동산을 보유한 경우 양도차익의 일정 비율을 과세대상소득에서 공제하는 제도다. 실수요자 중심의 장기보유를 유도하고, 부동산의 투기적 거래를 억제하기 위해 실시하고 있다. 장기보유특별공제는 3년 이상 보유·등기한 후 양도하는 부동산(토지, 건물)에 적용된다. 즉 미등기 자산, 3년 이내 부동산, 국외 부동산 등은 해당되지 않는다.

장기보유특별공제액은 자산의 양도차익에서 보유 기간별 공제율을 곱한 금액이다. 10년 이상 보유 시 일반 토지, 건물은 최대 30%까지, 3년 이상 보유한 주택(1세대 1주택인 고가주택)은 최대 80%까지 공제를 해주고 있다.

③ 양도소득 산출세액(❻~❿)

양도차익(❶~❹)에서 장기보유특별공제(❺)를 차감하는 방법까지 알아봤다. 이렇게 해서 나온 금액이 바로 '양도소득금액'(❻)이다. 그럼

미등기 부동산, 단기 매매 부동산, 주식의 적용 세율

과목	세율
부동산 및 권리	미등기: 70% 2년 이하: 40~50% 2년 이상: 6~40%(기본세율)
기타 자산	기본 세율
주식	중소기업: 대주주 20%, 대주주 외 10% 중소기업 외: 20%(단 대주주가 1년 내 양도 시 30%)
파생상품	현재 5%(탄력세율 적용)

이것을 기준으로 양도소득세를 책정하면 될까. 이 양도소득금액에서 다시 '양도소득기본공제'(❼)를 제외하는 과정이 남아 있다. 이 계산을 마치면 과세의 기준이 되는 금액, 즉 '과세표준'(❽)이 나온다.

양도소득기본공제액은 250만 원이다. 단 미등기 자산은 제외된다. 즉 양도소득금액에서 양도소득기본공제액(250만 원)을 뺀 '과세표준'(❽)에서 '세율'(❾)을 곱하면 바로 '산출세액'(❿), 즉 '양도소득세'가 나오는 것. 여기서 적용되는 세율은 2년 이상 보유한 토지, 건물, 부동산에 관한 권리의 경우 소득세의 기본세율과 동일하다.

반면 미등기 부동산, 단기 매매 부동산, 주식의 경우 다른 세율이 적용되는데 자세한 내용은 소득세법 제104조를 참고하면 된다.

④ 산출공제 감면(⓫)

이렇게 복잡하고 긴 과정을 통해 드디어 나온 양도소득세. 이대로 납부하면 될까. 그렇지 않다. 감면 받게 되는 세금을 빼야 한다.

양도소득세 감면 가운데 가장 중요한 내용이 바로 자경농지에 대한 감면이다. 자경, 즉 스스로 경작한 농지를 양도할 경우 양도소득세를 100% 감면해주는데 요건은 다음과 같다.

1. 농지 양도일 현재 거주자일 것
2. 농지 소재지에 거주할 것(농지가 소재하는 시·군·구이거나 연접한 시·군·구, 해당 농지로부터 직선거리 30km 이내의 지역에 한함)
3. 해당 거주자가 8년 이상 직접 경작할 것

단 거주자의 사업소득(농업·임업에서 발생하는 소득 제외)이나 총 급여액의 합계액이 3,700만 원 이상인 기간이 있는 경우에는 경작 기간에서 제외되니 주의가 필요하다(즉 다른 소득이 3,700만 원 이상 존재한다는 건 실제 직접 경작을 하였다고 보기 어렵다는 게 과세당국의 입장).

⑤ 자진납부세액(⑫)

이제야 비로소 실제 납부해야 할 '자진납부세액'(⑫)이 나왔다. 양도소득세 과세대상자산을 양도한 이는 양도자산별로 정해진 기간 내에 관할 세무서장에게 예정 신고를 하고 소득세를 납부해야 한다.

토지, 건물, 부동산에 관한 권리 및 기타 자산은 양도일이 속하는 달의 말일부터 2개월 이내에 신고해야 하며, 주식 및 출자지분의 경우는 양도일이 속하는 분기의 말일부터 2개월 이내에 신고를 해야 한다

(주식의 경우 2018년 양도분부터 양도일이 속하는 반기의 말일부터 2개월 이내로 개정됨). 예를 들어 양도인이 4월 1일에 자신의 자산을 양도한 경우 해당 물건이 부동산이라면 6월 30일까지, 주식이라면 8월 30일까지 예정신고를 하면 된다.

이때 양도차익이 없거나 오히려 손해가 발생한 경우에도 예정신고를 해야 하며 만약 신고를 하지 않으면 20% 의무신고가산세가 부과된다(부정행위의 경우 40%).

만약 양도를 2회 이상 했을 경우 이미 신고한 양도소득금액과 합산해 신고하지 않았거나 당초 신고한 양도소득산출세액이 달라지는 경우 양도일이 속한 연도의 다음 해 5월 1일부터 5월 31일까지 확정 신고 및 세금 납부를 해야 한다.

지금까지 소개한 양도소득세 계산을 모의로 해볼 수 있는 곳이 있다. 국세청 홈택스의 양도소득세 모의 계산 서비스를 이용하면 된다. 이렇게 스스로 세금 계산을 해본 뒤 회계사·세무사에게 의뢰를 하면 더욱 자세한 문의를 할 수 있다.

양도세 납부하기

지금까지 양도소득세의 간략한 계산법에 대해 알아봤다. 이번엔 양도소득세와 관련한 '절세' 전략 및 특수한 양도사례다.

양도소득세의 정의를 다시 한 번 상기해보자. 양도소득세란 ㉠ 개인이 토지·건물 등 부동산이나 주식, 분양권 등에 관한 권리를 타인에게 양도하며 발생하는 이익(소득)에 대한 세금으로 과세 대상의 ㉡ 취득일부터 양도일까지의 보유기간 동안 발생된 이익에 대하여 양도 시점에 일시 과세한다고 설명했다.

앞에서 언급한바, 개인사업자와 법인의 가장 큰 차이점 가운데 하나는 과세 대상의 선정 기준이다. 개인사업자의 경우 소득세법에 열거된 소득에 대해서만 세금이 부과되는 '열거주의' 방식을, 법인은 법인세법에 예시로 돼 있는 소득뿐 아니라 법인에 귀속되는 모든 소득에 세금을 매기는 '포괄주의' 방식을 취하고 있다.

다시 위의 정의로 되돌아가면 양도소득세는 ㉠ '개인'을 대상으로 하는 세금이다. 개인이 내야 할 3가지 소득세(종합소득세, 퇴직소득세, 양도소득세) 가운데 하나다. 따라서 소득세법에 열거된 양도세의 과세 대상인지 아닌지를 먼저 판단하는 게 중요하다.

㉡ '취득일부터 양도일까지의 발생한 이익을 양도 시점에 일시 과세한다'라고 돼 있다. 따라서 팔지(양도하지) 않으면 양도세는 없는 것이다.

취득이나 보유 시 세금

취득 관련 세금

취득세– 부동산, 운송장비, 무형자산, 회원권 등 일정한 자산을 취득했을 때 취득자에게 과세하는 지방세. 취득이란 매매, 교환, 상속, 증여 기부, 법인에 대한 현물출자 등 모든 형태의 취득을 의미

보유 관련 세금

재산세– 토지, 건축물, 주택, 선박 및 항공기의 보유에 대해 그 보유자에게 부과하는 지방세

종합부동산세– 일정한 기준을 초과하는 토지와 주택의 소유자에 대해 국세청이 별도로 누진세율을 적용해 부과하는 국세

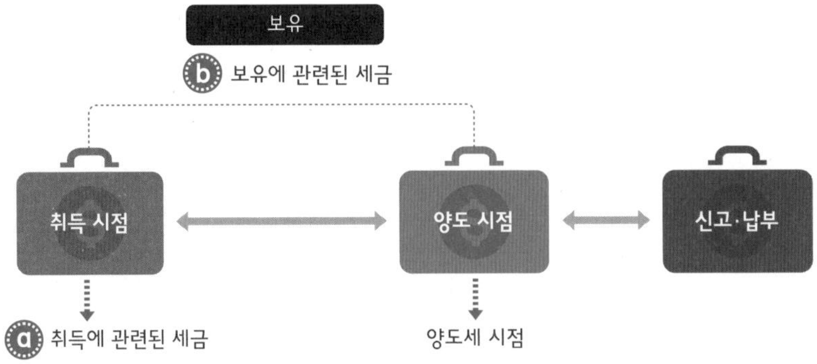

대신 양도 전의 과정, 즉 ⓐ 취득이나 ⓑ 보유하는 중에는 취득세, 재산세, 종합부동산세 등의 세금을 내야 한다.

TIP

⑧

취득 시 절세전략

1. 부부 등이 공동명의로 부동산을 취득하면 양도 시 세부담을 줄일 수 있다

부동산을 공동명의로 취득했을 경우 양도 시 세부담이 줄어들 수 있다. 양도소득세를 공동명의자 각각이 별도로 계산하기 때문. 양도소득세가 누진세율이기 때문에 양도이익이 클 경우 상대적으로 세부담이 가중되게 된다. 반대로 공동명의자가 나눠 계산하게 되면 낮은 구간의 세율이 적용되어 그만큼 절세가 가능하게 되는 것이다(다만 취득 시 부담하는 취득세는 취득자 수와 관계없이 동일하다).

2. 이혼 위자료로 부동산을 주는 경우 등기 원인을 '재산분할청구에 의한 소유권 이전'으로 하라

최근 이혼하는 부부가 많이 늘고 있다. 당사자 간 합의 혹은 법원 판결에 따라 일정액의 위자료를 지급하되 그 대상을 부동산으로 할 경우 해당 자산이 양도된 것으로 해석돼 양도소득세를 내야 한다.

다만 등기원인을 '재산분할청구에 의한 소유권 이전'으로 하는 경우 민법 제839조의2 규정의 적용을 받는다. 그렇게 되면 분할 대상 부동산은 '부부 공동의 노력으로 이룩한 공동재산을 이혼 후 자기 지분의 몫으로 환원받는 것'으로 인정돼 양도 및 증여세를 내지 않아도 된다.

3. 상가 겸용 주택을 신축 시 주택 부분을 조금 더 크게 하면 전체를 주택으로 인정받는다

앞에서 양도소득세가 비과세되는 경우를 소개했다. 이 중 하나가 바로 '1세대 1주택' 및 부수 토지에 대한 양도세 비과세다. 이 규정을 적용할 때 건물 한 동이 주택과 주택 외 부분으로 돼 있는 겸용주택의 경우와 한 울타리 내에 주택과 주택 외 건물이 함께 있는 경우는 그 전체를 1주택으로 본다. 다만 이것은 주택의 면적이 주택 외 면적보다 큰 경우로 한정된다. 따라서 겸용 주택을 신축 시 주택 부분을 조금 더 크게 두면 1세대가 해당 겸용 주택 1개를 양도할 시 그 전부에 대해 비과세를 적용 받을 수 있다.

4. 등기를 하지 않고 양도하면 불이익을 많이 받는다

부동산을 취득한 자가 그 자산의 취득에 관한 등기를 하지 않은 채 양도(미등기 양도)하면 다음과 같은 불이익을 받게 되므로 반드시 취득 시 등기를 하는 게 좋다.

- ▶ 양도소득세 비과세 및 감면 혜택(1세대 1주택 비과세 등)을 받지 못함
- ▶ 장기보유특별공제를 받지 못함
- ▶ 양도소득기본공제를 받지 못함
- ▶ 70%의 높은 세율이 적용됨

TIP ⑨

양도 시 절세전략

1. 부동산 양도시기를 조절하면 세부담을 줄일 수 있다

양도소득세의 부담을 덜기 위해선 양도 대상 부동산의 보유기간을 조절하는 게 좋다. 부동산 보유기간이 2년 이상일 경우 양도소득별로 최소 6%(16%)에서 최대 38%(48%)까지의 누진세율이 적용되지만, 2년 미만이면 40~50%의 고高세율이 적용되기 때문.

통상 잔금 청산일을 양도시기로 본다. 청산일이 불분명하거나 잔금 청산 전 소유권 이전 등기를 하는 경우엔 소유권 이전 등기 접수일을 양도일로 삼는다. 그래서 잔금 청산 약정일을 기준으로 보유기간이 2년 또는 1년 미만인 경우 실제 잔금 청산일을 2년 또는 1년이 지난 뒤로 잡고, 등기 역시 2년 또는 1년이 지난 후에 이전해주는 식으로 양도 시기를 조절하면 된다.

또한 두 건 이상의 부동산을 양도하는 경우 같은 연도에 모두 양도하는 것보단 하나의 부동산을 우선 팔고, 나머지 부동산을 다음 연도에 이월해 양도하면 보다 낮은 누진세율을 적용받을 수 있다. 기본공제도 2회분(500만 원)을 적용받게 돼 세부담이 준다.

2. 일시적으로 1세대 2주택이 된 경우 종전 주택을 3년 이내에 처분하는 게 유리하다

앞에서 설명한 대로 1주택을 소유한 1세대가 해당 주택 취득일부터 1년 이상이 지난 후 다른 주택을 취득한 경우 두 번째 주택 구입일 3년 이내에 종전 주택을 팔면 '1세대 1주택' 자격이 유지된다. 즉 비과세 혜택을 받을 수 있는 것이다. 그래서 일시적으로 2주택자가 된 경우 종전 주택을 3년 이내에 처분하면 세부담을 덜 수 있다.

3. 손해가 난 부동산은 다른 부동산과 같은 해에 양도하는 게 유리하다

현행 소득세법은 매년 1월 1일부터 12월 31일까지를 과세기간으로 하고 있다. 동일 연도에 2회 이상 부동산을 양도해 양도차익과 차손이 발생한 경우 손해분을 차익분에서 공제받을 수 있다. 양도소득은 사업소득과 달리 결손금의 이월공제를 허용하지 않으므로, 양도차손이 발생한 경우 해당 결손금을 공제받기 위해서는 동일한 연도에 다른 부동산을 양도해야 한다.

예를 들어 두 건의 토지를 양도한 경우 토지 1에서는 1억 원 양도차익을, 토지 2에서는 5,000만 원 양도차손이 발생했다고 치자. 이를 같은 해에 양도하면 토지 2의 손해액을 토지 1의 이익에서 공제해 결과적으로 5,000만 원의 차익에 대해서만 양도소득세를 내면 된다. 반면 처분 연도가 다를 경우엔 토지 2의 양도차손은 이월되거나 소급되지 않으므로 보전받을 수 없다.

4. 실지거래가로 신고하는 부동산은 증빙서류를 철저히 챙겨야 세금부담을 줄일 수 있다

실지거래가액으로 양도소득세를 계산하는 경우엔 양도가액에서 취득가액 및 기타 취득에 소요된 비용 가운데 증빙서류에 의해 실제 지출이 확인된 금액만 공제해 양도차익을 계산하게 된다. 만약 실제 지출을 했음에도 불구하고 증빙서류를 제대로 챙기지 못했다면 그 금액에 상당하는 만큼 추가 세부담을 져야 하는 것이다.

이를 미연에 방지하기 위해선 양도소득세 계산 시 비용으로 공제받을 수 있는 항목을 알아두고 각 항목에 대한 증빙자료를 챙겨둬야 한다. 특히 증빙자료가 언제 어디서나 쉽게 구할 수 있는 게 아니므로 비용 지출을 할 때마다 꼬박꼬박 확보·보관해둬야 한다.

특수한 경우의 양도거래

지금까지 양도소득세와 관련해 세금 대상 자산의 시기별 절세 전략에 대해 살펴봤다. 이런 일반적인 경우가 아닌 특수적인 형태의 양도 거래도 존재한다.

① 부담부증여負擔附贈與

'부담부증여'란 증여자의 재산과 채무를 동시에 인수하는 것을 의미한다. 순수 증여와 달리 증여 받는 사람이 채무도 인수하므로 유상취득(채무 인수)과 무상취득(증여)이 결합된 증여 형태라고 보면 된다.

부담부증여의 요건을 간략히 요약하면 세 가지다. 첫째 증여일 현재 증여 재산에 담보로 잡힌 채무(대출 및 임대보증금 등)가 있어야 한다. 둘째 채무의 차주가 반드시 증여자이어야 한다. 마지막으로 그 채무를 수증자가 인수해야 하고, 인수한 사실은 증여계약서, 전세계약서, 금융증빙 등으로 확인이 가능해야 한다. 또 증여일 이후부터 채무는 수증자의 몫이므로 수증자가 해당 빚을 상환해야 한다. 이 세 가지 조건을 모두 충족해야 부담부증여가 가능해진다.

만일 부모가 자녀에게 3년 전 4억에 취득한 시가 6억 원짜리 아파트를 증여하는 과정에서 전세보증금 등 채무 3억 원을 자녀에게 같이 물려준다고 가정해보자. 즉 자녀가 6억 원의 아파트를 받으면서 3억의 채무를 떠안게 되는 상황이다.

단순증여와 부담부증여 세금 계산 사례에서 알 수 있듯 단순증여에 비해 부담부증여의 경우 세금을 4,100만 원 가량 절감할 수 있다.

증여와 부담부증여 세금 납부 사례

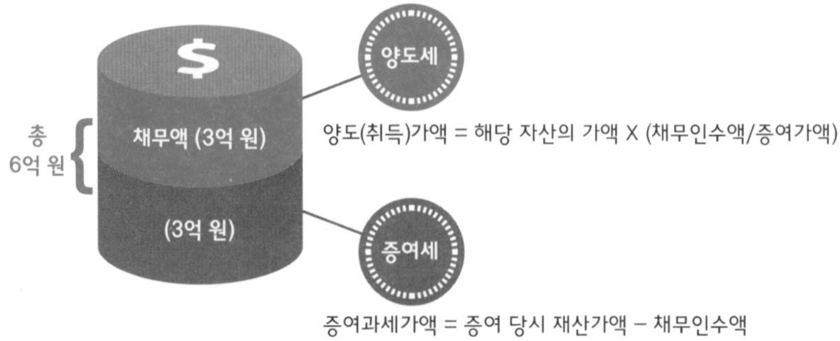

구분	증여	부담부증여
증여재산가액	6억 원	3억 원
증여세(자녀)	94,500,000원	36,000,000원
양도소득세(부모)		17,358,000원
가족 전체 세부담 합계	94,500,000원	53,358,000원
세금 차이	41,142,000원	

만약 비과세 대상인 부동산(예를 들어 1세대 1주택)이라면 채무 인수 부분이 비과세되므로 항상 단순증여보단 부담부증여가 유리하다. 더 나아가 양도소득세가 과세되는 경우라 하더라도 대상 재산을 양도와 증여로 분할하면 상대적으로 낮은 세율을 적용 받기 때문에 부담부증여가 유리한 경우가 대부분이다.

양도차익이 크거나 양도소득세 중과세 대상이 되는 부동산의 경우엔 부담부증여 시 줄어드는 증여세보다 오히려 양도소득세 증가액이 더 커질 수 있기 때문에 두 경우를 서로 비교해 부담부증여 여부를 선택해야 하며, 부담부증여 채무에 따른 금융 비용도 함께 고려해야 한다.

마지막으로 위 사례에서 배우자 또는 직계존비속 간의 부담부증여는 원칙적으로 전체 거래를 증여로 추정, 증여세를 과세하는 게 원칙이다. 따라서 부담부증여임을 인정받으려면 납세자가 증여가 아닌 사실(실제 채무의 부담 등)을 입증해야 한다.

② 배우자 증여에 대한 이월 과세

부부 간 증여는 6억 원까지 비과세된다는 것은 많이 알고 있을 것이다(직계존비속은 5,000만 원, 기타 친족 1,000만 원).

만약 남편 명의로 3억 원에 취득한 부동산이 현재 9억 원이 되었다고 가정해보자. 이 땅을 증여 받은 부인이 곧바로 부동산 매도를 하게 되면 증여세는 비과세되고, 양도소득세는 내지 않아도 되는 상황이 발생한다(부동산 양도액 9억 원 – 취득액 9억 원 = 양도차익 0원).

이러한 점을 악용하는 것을 방지하기 위한 방안이 바로 '배우자 증여에 대한 이월 과세'다. 이에 따르면 배우자로부터 토지, 건물, 특정시설물 이용권을 증여받은 뒤 해당 자산을 5년 이내에 타인에게 양도하면 당초 배우자가 자산을 취득한 취득가액을 기준으로 양도소득세를 과세하게 된다. 위의 사례에서 부인이 남편으로부터 증여받은 부동산을 5년 이내에 타인에게 되팔 경우엔 양도차익 6억 원(부동산 양도액 9억 원 – 취득액 3억 원)에 해당하는 양도소득세를 납부해야 하는 것.

이 경우 납세의무자는 증여받은 배우자(사례에서는 부인)가 되며, 양도소득세 계산 시 장기보유특별공제는 남편의 당초 취득일부터 양도일까지 보유기간에 따른 공제율이 적용된다. 또한 부인에게 증여 시 납부한 증여세 산출세액은 양도자산의 필요경비로 차감해 계산한다.

04
아는 만큼 절세하는 상속세

이번 장에선 '모르는 사람은 많이 내고 아는 사람은 적게 내거나 아예 안 낸다는 세금', 바로 상속·증여세에 대해 다룬다.

상속세와 증여세의 차이점

우선 상속세와 증여세에 대한 구분부터 간단히 살펴보고 가자. 상속세란 사망을 원인으로 한 재산의 무상 이전에 대해 부과하는 조세다. 반면 살아있는 사람이 누군가에게 자기 재산을 무상이전할 때 내야 하는 조세는 증여세다.

앞선 정의에서 보듯 두 세금은 모두 재산을 '무상' 이전할 때 내야 하는 것들이다. '유상', 즉 대가를 받고 재산을 이전하는 경우는 '양도세'다.

하나 더 알아둬야 할 게 있다. 유상 이전의 경우의 납세의무자는 재산을 팔고, 그 대가를 받은 쪽(그림의 ⓐ)이 되고, 무상 이전의 경우, 즉 상속·증여세는 재산을 물려받은 쪽(ⓑ)이 납세의무자가 된다.

상속·증여세의 경우 과세 유형에 따라 '유산과세형'과 '취득과세형'으로 나뉜다. 취득과세형은 상속인별로 상속받은 재산에 대해 각각 과세하는 것이며, 유산과세형은 상속·증여 재산 전체를 과세단위로 해 과세하는 것을 말한다. 원칙적으로 상속세는 '유산과세형'을, 증여세는

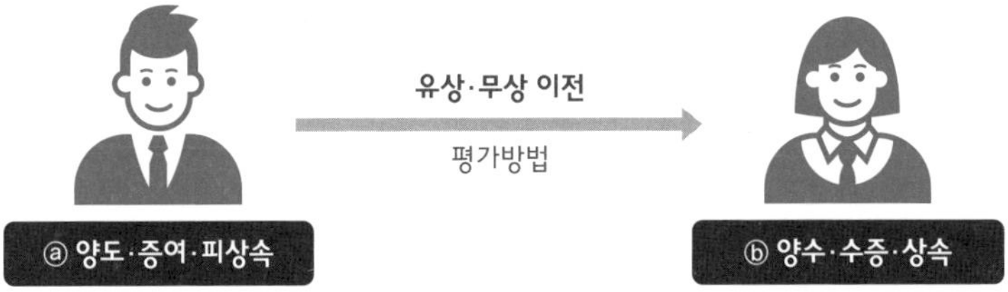

대가 유무에 따른 과세 유형

대가 유무	대상 주체	과세 내용
유상 이전	개인	양도소득세 과세
	법인	법인세 과세
무상 이전	개인사업자	사업과 관련 → 소득세 사업과 무관 → 상속세 또는 증여세
	영리법인	법인세 과세(자산수증이익)
	일반개인·비영리법인	상속세 또는 증여세

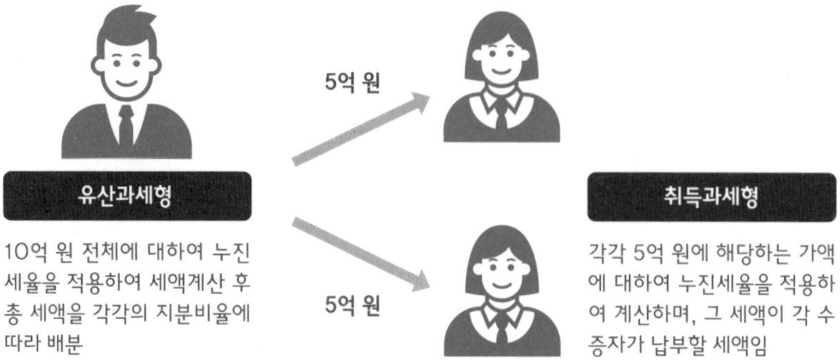

'취득과세형'을 따른다. 좀 더 원활한 이해를 위해 예를 들어보자.

아버지가 자기 재산 10억 원을 아들과 딸에게 각각 5억 원씩 상속 혹은 증여했다고 가정해 본다. 만약 이 재산 이전의 원인이 '사망'이라면 상속세가 부과되는데, 이땐 유산 전체 금액인 총 10억 원에 대해 누진세율이 적용돼 세액 계산(유산과세형)이 이뤄지며, 이 세금을 상속 지분 비율에 따라 나눠 내게 된다. 반면 10억 원이 '증여'라면 아들과 딸은 각각 받은 5억 원에 해당하는 누진세율을 적용 받아 세금(취득과세형)을 낸다.

상속·증여세는 세부담 없는 부의 세습을 차단함으로써 소득 재분배 및 공평과세를 실현하는 데 의의가 있다. 특히 증여의 경우 각종 편법을 막기 위해 2004년부터 '완전포괄주의'를 채택하고 있다. 완전포괄주의란 과세 대상 소득을 법률에 일일이 열거하지 않고 원칙적으로 모든 소득을 과세 대상으로 보는 것을 의미한다. 즉 증여세는 개별 과세 유형이 법에 나와 있지 않더라도 사실상 재산의 무상 이전에 해당

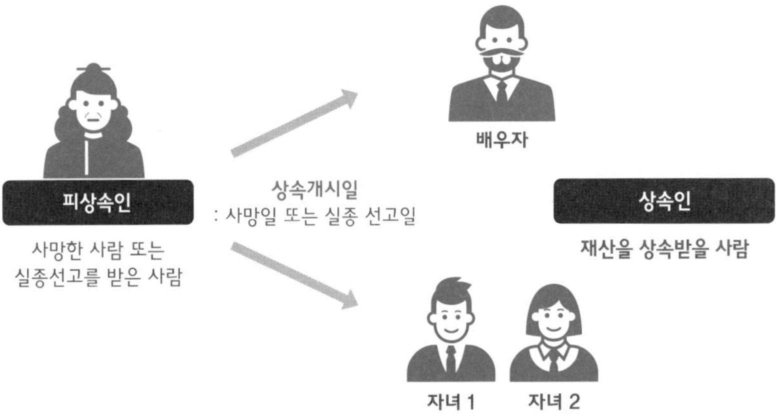

하는 경우 그 행위 및 거래의 명칭·형식·목적 등 이유 여하를 막론하고 세금을 부과하도록 하고 있다.

상속세의 계산

지금까지 상속·증여세에 대해 대략적으로 알아봤다. 그럼 상속세부터 더 자세히 알아보자. 우선 상속세 계산 구조에 앞서 상속에 관련된 법률관계를 살펴보도록 한다.

상속은 재산을 받는 순서가 있다. 피상속인이 유언으로 상속인을 지정한 경우, 즉 '유언상속'이 가장 우선이다. 반면 유언이 없는 경우는 민법에서 정한 순위를 따른다.

배우자는 직계비속과 같은 1순위로 공동상속인이 된다. 직계비속이 없을 경우는 2순위인 직계존속과 공동상속인이 된다(다만 배우자는

민법에서 정한 유산 상속 순위

우선순위	피상속인과의 관계	상속인 해당 여부
1순위	직계비속과 배우자	항상 상속인이 된다
2순위	직계존속과 배우자	직계비속이 없는 경우에 상속인이 된다
3순위	형제자매	1, 2순위가 없는 경우 상속인이 된다
4순위	4촌 이내의 방계혈족	1, 2, 3순위가 없는 경우 상속인이 된다

** 직계비속: 본인으로부터 출산된 친족. 즉 아들·딸, 손녀·손자 등
** 직계존속: 본인을 출산하도록 한 친족. 즉 부모, 조부모 등
** 방계혈족: 자기의 형제자매와 형제의 직계비속, 직계존속의 형제자매 및 그 형제의 직계비속

피상속인과 공동으로 재산을 형성한 사람이므로, 상속 지분 및 상속 공제 등에서 다른 상속자와 차이가 있다).

이처럼 상속 순위에 따라 상속권자가 결정되더라도 각각의 상속권자가 받는 재산의 정도, 즉 상속지분을 나눠야 하는 작업이 남는다. 이 역시 유언이 있는 경우엔 유언을 따르고, 없는 경우는 법정상속분에 따라 재산을 분할하게 된다.

우선 민법에 따르면 같은 순위의 상속인이 여러 명일 때 각자가 받는 몫은 동일한 것으로 본다. 반면 배우자는 직계비속·직계존속 상속분에 5할을 가산한 금액을 상속받게 된다. 즉 상속자가 배우자와 자녀 2명일 경우 상속 지분은 '자녀 1+자녀 1+배우자 1.5'가 된다. 직계존속, 즉 부모에게 상속이 이뤄져도 지분 비율은 똑같다.

유언상속에 대해선 한 가지 짚고 넘어가야 할 게 있다. 유언상속을 기계적으로 적용할 경우 피상속인이 유언장에 이름을 남기지 않은 사

람 모두가 상속을 받지 못하게 된다. 즉 정당한 법적 상속인임에도 불구하고 한 푼도 상속받지 못하게 되는 경우가 발생할 수 있는데 민법은 이를 방지하기 위해 각 상속인이 최소 한도로 받을 수 있는 상속분을 규정해놨다. 이를 '유류분'이라고 하는데 직계비속과 배우자는 법정상속분의 2분의 1까지, 직계존속 및 형제자매는 3분의 1까지 권리를 주장할 수 있다. 다만 제 1순위 상속인인 직계비속이 존재할 때 그 다음 순위 상속인들은 유류분권이 인정되지 않는다.

이제 상속세 계산법에 대해 알아보자.

상속세 계산하기

① 상속세 과세가액 산출법(❶~❻)

'상속재산가액'(❶)엔 상속개시일 현재 피상속인이 소유하고 있는 현금, 부동산, 주식 등 본래 재산에 더해 사망 등으로 받게 되는 보험금, 퇴직금 등 간주상속재산이 모두 포함된다.

'추정상속재산가액'(❷)은 피상속인이 사망 1년 전 자신의 재산을 처분·인출했거나 부담한 채무액이 종류별(현금·예금 및 유가증권, 부동산 및 부동산에 관한 권리, 기타 재산 등)로 각각 2억 원 이상 혹은 2년 내 5억 원 이상일 때, 그중 용도를 명백히 증명하지 못한 금액으로 이 가운데 일부를 상속인이 현금으로 상속받은 것으로 추정해 과세가액으로 산입한다. 이는 피상속인이 사망 전 재산을 현금화하거나 채무를 부담하

상속세 계산

❶ **상속재산가액**
→ 본래의 상속재산(사망 또는 유증, 사인증여로 취득한 재산)
→ 간주상속재산(보험금, 신탁재산, 퇴직금 등)

➕

❷ **추정상속재산가액**
→ 피상속인이 사망 전 1년(2년) 이내에 2억 원(5억 원) 이상 처분한 재산 또는 부담한 채무로써 용도가 불분명한 금액

➖

❸ **과세제외재산**
→ 비과세 재산(국가, 지자체에 유증한 재산, 금양임야, 문화재 등)
과세가액 불산입재산(공익법인 출연재산, 공익신탁재산)

➖

❹ **공과금·장례비용·채무**

➕

❺ **상속개시 전 증여재산가액**
→ 상속개시일 전 10년 이내에 피상속인이 상속인에게 증여한 재산가액 및 5년 이내에 상속인이 아닌 자에게 증여한 재산가액
(단 증여세 10% 특례세율 적용 대상 창업자금 및 가업승계주식은 기간에 관계없이 합산)

⬇

❻ **상속세 과세가액**

➖

❼ **상속공제**
→ (기초공제 + 그 밖의 인적공제)와 일괄공제(5억 원) 중 큰 금액
→ 가업(영농)상속공제, 배우자 상속공제, 금융재산 상속공제, 재해손실공제 동거주택 상속공제
(단, 위 합계 중 공제적용 종합한도 내 금액만 공제 가능)

➖

❽ **감정평가수수료**
→ 부동산 감정평가법인의 수수료 등

⬇

❾ **상속세 과세표준**

✖

❿ **세율**

과세표준	1억 원 이하	5억 원 이하	10억 원 이하	30억 원 이하	30억 원 초과
세율	10%	20%	30%	40%	50%
누진공제액	없음	1천만 원	6천만 원	1억 6천만 원	4억 6천만 원

⬇

⓫ **산출세액**
→ (상속세 과세표준 X 세율) – 누진공제액

➕

⓬ **세대생략할증과세액**
→ 상속인이나 수유자가 피상속인의 직계비속이 아닌 상속인의 직계비속이면 30% 할증(단, 미성년자가 20억 원 초과하여 상속받는 경우 40% 할증)
– 대습상속의 경우는 제외

➖

⓭ **세액공제 등**
→ 신고세액공제, 증여세액공제, 단기재상속세액공제, 외국납부세액공제 문화재자료 징수유예세액

➕

⓮ **신고납부불성실 가산세 등**

⬇

⓯ **납부할 상속세액**

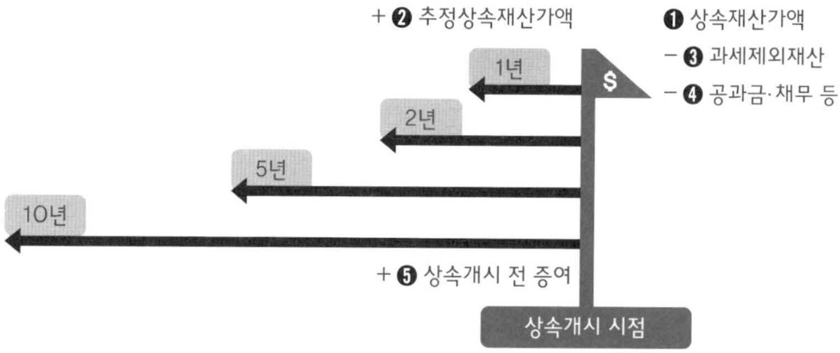

는 등 변칙적인 방법으로 상속세 혹은 증여세를 회피하는 것을 차단하기 위한 규정이다.

이번엔 '과세제외재산'(❸)을 뺄 차례다. 우선 국가나 지방자치단체 등에 유증(유언을 통해 자기 재산 일부를 무상으로 타인에게 주는 행위)한 재산은 상속세 부과 대상에서 제외된다. 또 공과금이나 명백하게 입증 가능한 채무, 장례비용(최소 500만 원부터 최대 1,000만 원)도 차감(❹)한다.

반면 상속 개시 전 5년 이내에 상속인이 아닌 자에게 증여한 금액, 10년 이내 상속인에게 증여한 금액(❺)은 과세가액에 포함된다(이때 납부한 증여세는 추후 세액에서 차감).

이러한 과정을 거쳐 상속세 과세가액이 산출(❻)된다.

② 산출세액까지의 계산(❼~⓫)

여기까지의 과정을 통해 과세 대상 금액, 즉 상속세 과세가액이 계산됐다. 그러나 실제 부과할 상속세가 나오기까지는 좀 더 들여다볼게 남았다. 우선 '상속공제'(❼)를 제외해야 하는데, 상속공제 내용은 매우 다양하다.

최대 30억 원까지 가능한 배우자공제는 상속세 신고기한부터 6개월이 되는 날까지 배우자의 상속재산을 분할한 경우에만 적용이 가능하다. 배우자의 재산 형성 기여도를 감안한 조치다.

여기에 '부동산 감정평가수수료'(❽) 등을 제외하게 되면 상속세의 '과세표준'(❾)이 산출된다. 세율은 최저 10%에서 최고 50%까지 누진세율 구조를 가지고 있으며, 증여세율과도 동일하다.

이 과정까지 거쳐 나온 금액에서 각 과세표준에 맞는 '세율'(❿)을 곱하면 '산출세액'(⓫)이 도출된다.

상속공제 내용

구분	항목	공제 내용
기초공제		2억 원
인적공제	배우자공제	최소 5억 원에서 30억 원까지 공제 가능
	자녀공제	1인당 5,000만 원
	미성년자공제	19세가 될 때까지 1인당 1,000만 원
	연로자공제	1인당 500만 원(배우자 제외)
	장애자공제	기대여명 연수까지 1인당 500만 원
일괄공제		5억 원(기초공제와 인적공제 합계가 5억 원 미만인 경우 적용)
물적공제	기업상속공제	최대 500억 원까지 공제(추후 가업승계 편에서 설명)
	영농상속공제	최대 15억 원
	금융재산상속공제	금융재산의 20%(최대 2억 원)
	재해손실공제	
	동거주택상속공제	10년 이상 피상속인과 동거 시 1세대 1주택인 경우 (주택가격 – 해당 주택 담보채무)의 80%(한도 5억 원)

③ 실제 납부할 상속세의 산출(⓬~⓯)

만약 피상속인이 본인 아들을 건너뛰고, 손자에게 재산을 물려주면 어떻게 될까. 세법에선 이 경우 '세대생략할증과세액'(⓬)을 부과, 30%를 추가로 할증 계산한다. 원칙적으로 2대에 걸쳐 두 번 상속세를 내야 하는데, 한 번을 생략한 셈이기 때문이다. 특히 상속인이 미성년자이며 상속액이 20억 원을 초과할 시엔 40%의 할증 세액이 부과된다.

이번엔 다시 공제해야 할 금액. '세액공제'(⓭)는 상속개시 전 증여 당시 납부한 '증여세'(❺)를 차감해주는 '증여세액공제'가 있다. 또 '세대생략할증과세'(⓬)와는 반대, 즉 상속인이 상속 이후 10년 이내 사망한 경우에 적용되는 '단기재상속세액공제'(⓭)가 있다. 이미 상속세를 낸 재산이 10년 이내 재상속되면서 과중해진 세부담을 덜기 위한 조치다. 또 신고기한 내 상속세 과세표준을 신고한 경우 7%(2017년부터 개정)에 상당하는 신고세액공제 혜택을 줘 자진 신고를 유도하고 있다.

이렇게 세액공제까지 차감된 금액에 '가산세'(⓮) 등을 더하면 실제 납부할 '상속세'(⓯)가 산출되는 것이다.

TIP

⑩

상속세 절세를 위한 방법

1. 10년 이상 장기 플랜을 가지고 미리 증여하라

"10년을 주기로 증여하라"는 말을 들어봤나. 성인 자녀를 기준으로 10년에 5,000만 원까지 증여액이 공제되며, 배우자는 10년에 6억 원까지 공제된다. 이 제도를 잘 활용하면 재산의 일시 상속에 의한 세부담을 덜 수 있다.

또한 재산을 한 사람에게 집중하는 것보다 분산시키는 게 좋다. 남편, 혹은 처 일방보단 배우자에게 명의를 분산하면 상속세를 절약할 수 있다.

2. 상속재산보다 채무 관리가 더 중요하다

사실 물려받는 채무가 얼마인지가 상속세에 더 중요한 영향을 미치는 경우가 많다. 특히 채무공제는 상속개시(사망 등) 당시 피상속인이 부담했어야 할 확정 채무로서 공과금 이외의 모든 부채를 말하는데, 원칙적으로 피상속인이 부담해야 할 채무이면 금액에 관계없이 모두 공제가 가능하다. 하지만 가공채무 등 세무당국과 가장 분쟁의 소지가 많은 부분이기도 하므로 철저한 사전 준비가 필요하다.

더 나아가 국가나 금융기관의 채무는 입증이 용이하지만 사인 간 채무는 채무부담계약서, 채권자확인서, 담보설정 및 이자지급에 관한 증빙 등 그 사실을 확인할 수 있는 서류가 있어야 한다.

3. 피상속인이 병원비를 부담하라

피상속인이 사망 전 큰 병에 걸려 장기간 입원한 경우 병원비가 상당히 나온다. 이 경우 피상속인 재산으로 병원비를 납부하면 그만큼 상속재산이 감소하므로 상속세가 줄어든다. 반면 자녀 재산으로 병원비를 낼 경우 상속받는 재산이 늘어 세금도 많아진다. 병원비를 피상속인 사망 후 지급하거나 사망 전 지출해야 할 경우엔 피상속인의 재산에서 부담하는 게 세금 측면에선 더 유리하다.

4. 추정상속재산가액에 주의하라

위에서 언급한 추정상속재산은 피상속인이 재산을 처분해 인출하거나 부담한 채무의 합계액이 1년 이내에 2억 원 이상인 경우와 2년 이내에 5억 원 이상인 경우로 용도가 명백하지 않으면 과세가액이 추가된다고 설명했다. 여기서 주의할 건 재산 전체가 아니라 재산 종류별(현금·예금 및 유가증권, 부동산 및 부동산에 관한 권리, 기타 재산)로 추정상속재산을 측정한다는 것이다. 예컨대 1년 이내에 예금 1억 원을 사용하고, 주식 보유분 1억 원을 처분했다면 각각 2억 원 이내이므로 추정상속재산에 포함되지 않는다.

다만 피상속인이 상속 개시 전 처분한 재산의 사용처를 상속인이 정확하게 밝히는 건 현실적으로 매우 어렵다. 그래서 소명되지 못한 금액 전부가 아닌 특정 기준에 따라 계산된 금액을 상속세의 과세가액으로 산입하도록 하고 있다. 전체 처분재산가액의 20%와 2억 원 가운데 더 적은 금액을 사용처 미소명 금액에서 뺀 뒤, 그 액수를 상속세 과세가액에 추가한다.

예를 들어 전체 처분재산가액이 12억 원인데, 이 가운데 사용처를 소명하지 못한 금액이 3억 원이라고 해보자. 그럼 전체 12억의 20%, 즉 2.4억 원과 2억 원 가운데 더 적은 금액 2억 원을 미소명액(3억 원)에서 뺀 돈, 즉 1억 원이 상속세 과세가액에 포함된다(※ 3억 – MIN(12억×20%, 2억) = 1억).

5. 만약 상속재산보다 부채가 많은 경우엔 상속을 포기하라

상속이 개시되면 피상속인의 재산상 모든 권리와 의무는 상속인 의사와는 관계없이 법률상 모두 상속인이 물려받게 된다. 주의할 건 권리뿐만 아니라 의무도 함께 물려받는다는 점이다. 따라서 부채가 상속재산보다 많은 경우에는 상속인의 입장에서 적극적으로 이를 방어할 필요가 있다. 민법에서도 관련 보호제도를 마련해 놨는데, 바로 상속포기(상속 자체를 포기하는 것)와 한정승인(한정적으로 상속을 승인하는 것) 제도다. 두 가지 제도 모두 상속 개시가 있음을 안 날로부터 3개월 이내에 신고를 해야 한다.

6. 배우자 상속공제를 활용하라

배우자는 재산 형성의 공동기여자다. 따라서 상속지분 및 상속공제 등에서 다른 상속인과는 달리 특별한 대우를 받는다. 연로한 피상속인이 나이가 많은 배우자에게 재산을 물려줄 경우 얼마 안 가 또 다시 상속을 해야 하는 상황(배우자도 사망)이 발생할 수 있어 배우자가 아닌 자녀들에게만 상속하는 사례가 종종 있다.
상속재산이 10억 원 이하이며, 배우자가 있다면 상속세가 과세되지 않아 아무런 차이가 없다. 그러나 상속재산이 많아 세금을 내야 하는 경우엔 배우자에게 상속하는 경우와 그렇지 않은 경우 상속세 부담에 있어 차이가 있다.
따라서 상속재산이 10억 원이 넘고 배우자가 있는 경우, 배우자에게 일정 부분 재산을 상속하면 상속을 전혀 하지 않는 경우보다 상속세를 절세할 수 있다. 자녀 입장에선 모친이 부친의 재산을 상속받은 뒤 10년 이내에 사망, 다시 상속이 개시되면 단기 재상속에 대한 공제가 있으므로 배우자 상속공제 활용 여부를 잘 판단해 상속을 진행해야 한다.

7. 이 밖에…

건물 상속 시엔 월세보다 전세가 좋다. 전세금(보증금)은 임대계약이 만료되면 보증금을 반환해야 할 의무가 있으므로 상속세 및 증여세법에서는 이를 피상속인의 부채로 보아 상속세 계산 시 공제가 된다.
상속으로 인해 재산을 취득한 상속인은 상속개시일(사망일)부터 6개월 이내에 상속세를 신고해야 하며, 위 기간 내에 상속세를 신고하면 세금의 10%를 공제해준다. 반대로 신고를 하지 않으면 20%의 가산세가 부과되므로 반드시 신고기간 내에 신고해야 한다.
피상속인의 금융재산이나 부동산이 어디에 얼마나 있는지 모를 경우엔 안심상속 원스톱 서비스를 이용할 수 있다. 불의의 사고로 피상속인이 갑자기 사망했거나 별거 중 사망한 경우 등 상속인이 피상속인의 재산에 대해 정확히 알 수 없을 때 이용하는 것으로 행정자치부에서 상속인들에게 '안심상속 원스톱 서비스'를 제공하고 있다.
이상 상속세의 전반적인 내용에 대해 알아봤다. 사실 부모님이 돌아가시고 나면 상속을 하나도 받지 못하는 사람들도 일부 있지만 대부분의 사람들은 적든 많든 재산을 상속받게 된다. 다만 모두가 상속세를 내야 하는 건 아니다.
결론부터 말하면 대다수는 상속세를 크게 걱정하지 않아도 된다. 왜냐하면 상속공제 금액이 크기 때문에 대부분의 사람들에게는 상속세가 과세되지 않기 때문이다. 실제로 대상자의 2% 정도만이 상속세를 낸다고 한다. 따라서 상속세 구조의 전반적인 흐름만 이해하면 되고, 세부 내용을 속속들이 살펴볼 필요는 없다. 그보단 어떻게 하면 사업에 성공해 상속세를 내는 2%에 들어갈지 고민하는 게 더 나을 수 있다.

05
모르면 다 낸다,
증여세

이번엔 앞에서 다룬 상속세의 사촌격인 증여세에 대해 알아보겠다. 상속세와 증여세는 특정인의 재산이 누군가에게 '무상 이전'된다는 점에서 공통점을 가지며 재산의 양도 시점에 따라 둘의 구분이 이뤄진다는 것을 언급한 바 있다.

이 밖에도 세부적인 법의 적용이나 체계, 유형 등에서 차이가 있다. '증여세'에 대해 더 자세히 알아보자.

증여세의 체계 및 유형

증여세법의 개정 역사는 변칙적인 상속·증여를 통해 부의 대물림을 하려는 사람들과 이를 방지하기 위한 과세당국의 지속적인 세법 개정 및 보완의 역사라고 해도 과언이 아니다.

앞서 언급한 것처럼 증여세 체계는 2004년 개편을 통해 '완전포괄주의'가 도입됐다. 완전포괄주의란 과세 대상 소득을 법률에 일일이 열거하지 않고 원칙적으로 모든 소득을 과세 대상으로 보는 것을 의미한다. 즉 증여세는 개별 과세 유형이 법에 나와 있지 않더라도 사실상 유·무형 재산을 직·간접적으로 무상 이전 받거나 타인의 기여에 의해 재산 가치가 증가하는 경우 모두 과세대상이 된다.

지난 2004년 개편 당시 '완전포괄주의'가 채택된 증여세법은 개별적 증여 예시, 증여 추정, 증여 의제 등에 관한 규정을 두고 있고, 주된 내용은 다음과 같다.

'완전포괄주의'가 채택된 증여세법 내용

증여 예시 규정

구분	취득시기
신탁이익의 증여	신탁계약에 의해 신탁한 재산의 원본이나 수익을 위탁자가 아닌 타인에게 귀속시키는 경우
보험금의 증여	보험계약에 의한 보험료의 실제 납부자와 보험금액의 수령인이 다른 경우
저가양수 또는 고가양도에 따른 이익의 증여	재산을 시가보다 낮은 가격에 양도하거나 높은 가격에 양수하는 경우
채무면제 등에 따른 증여	채무자가 채권자로부터 채무 면제를 받거나 제3자로부터 채무의 인수 또는 변제를 받는 경우
부동산 무상사용에 따른 이익의 증여	타인의 부동산을 무상으로 사용해 기준금액(1억 원) 이상의 이익을 얻거나 타인의 부동산 담보를 이용해 일정한 이익(1,000만 원) 이상을 얻은 경우

합병에 따른 이익의 증여	특수관계가 있는 법인 간의 합병으로 합병 당사법인의 대주주가 이익을 얻는 경우
증자에 따른 이익의 증여	증자 시 증자 전 주주들의 지분 비율 대로 신주를 인수하지 아니함에 따라 지분율이 변동되거나 주식가치가 증감됨으로 인해 이익이 무상 이전 되는 경우
감자에 따른 이익의 증여	일부 주주의 주식·지분을 불균등하게 소각(감자)함으로써 그와 특수관계에 있는 대주주가 이익을 얻은 경우
현물출자에 따른 이익의 증여	현물출자 시 신주의 인수가액이 현물출자 전의 주식평가액보다 높거나 낮음에 따라 현물출자자 등이 이익을 얻은 경우
전환사채 등의 주식전환에 따른 이익의 증여	발행법인의 최대주주 및 특수관계자가 전환사채 등을 시가보다 낮은 가액으로 인수하거나 전환 등을 함으로써 이익의 분여가 발생한 경우
주식 등의 상장에 따른 이익의 증여	해당법인의 특수관계자가 주식 등을 증여 받거나 취득한 이후 5년 이내에 당해 법인이 상장함에 따라 그 가액이 증가된 경우 취득시점과 정산기준일 주식가액이 일정 금액 이상 차이가 나는 경우
금전무상대출에 따른 이익의 증여	타인으로부터 금전을 무상 또는 적정이자율보다 낮게 대출받은 결과, 그 증여이익이 1천만 원 이상이 되는 경우
합병에 따른 상장 등 이익의 증여	해당법인의 특수관계자가 주식 등을 증여받거나 취득한 이후 5년 이내에 당해 법인과 특수관계에 있는 주권상장법인과 합병됨에 따라 그 가액이 증가된 때 취득시점과 정산기준일 주식가액이 일정 금액 이상 차이가 나는 경우
기타 이익의 증여	완전포괄주의로 전환됨에 따라 종전의 증여유형 외에 재산·용역의 무상사용·제공, 출자·합병·감자·주식전환 등 자본거래, 법인의 조직변경 등, 기타 타인의 기여 등을 통해 얻은 이익에 대해서도 증여세 과세대상으로 하고, 특수관계 여부에 관계없이 모든 거래를 과세 대상으로 하되, 특수관계가 없는 자 간의 거래는 납세자의 입증에 의해 정당한 사유가 있다고 인정되는 경우 과세 제외

증여 추정, 증여 의제

구분	취득시기
배우자 등으로 양도 시 이익의 증여 추정	배우자 또는 직계존비속 간 자산을 매매하는 경우 외형상 양도 형태를 취하고 있으나, 실질은 증여로 봐 증여로 추정하되, 거래당사자가 유상양도임을 입증하면 증여세가 과세되지 않음
재산 취득자금 증여 추정	재산취득자 또는 채무자의 직업, 연령, 소득 및 재산상태 등으로 볼때 재산을 자력으로 취득했다고 인정하기 어려운 경우 그 가액을 증여받은 것으로 추정. 단 일정 금액 이하이거나 출처 소명이 있는 경우는 제외
명의신탁재산 증여 의제	권리 이전이나 그 행사에 등기 등이 필요한 재산의 실제 소유자와 명의자가 다른 경우 해당 명의자로 등기 등을 한 날 해당 재산가액을 명의자가 실제 소유자로부터 증여받은 것으로 봄(변칙 상속·증여 행위를 차단하는 조세벌租稅罰적 성격)

특수관계법인과의 거래(일감몰아주기)를 통한 이익 증여	자녀 등이 주주인 법인에 특수관계에 있는 법인이 일감을 몰아줘 간접적인 이익을 얻게 되면 영업이익에 대해 증여의제이익을 산정해 부과 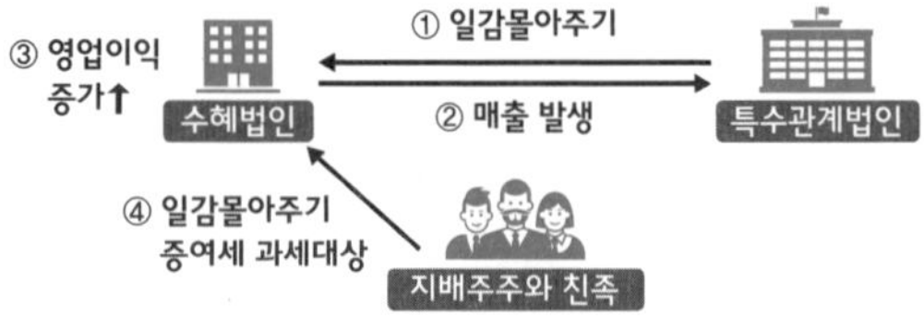
특수관계법인으로부터 제공받은 사업 기회로 발생한 이익의 증여 의제	지배주주 등의 주식보유비율이 30% 이상의 법인(수혜법인)이 특수관계에 있는 법인으로부터 사업 기회를 임대차계약, 입점계약, 대리점 계약 및 이와 유사한 방식으로 제공받는 경우 이익의 증여 의제로 봄
특정법인과의 거래를 통한 이익의 증여 의제	특정법인(1)의 주주 등과 특수관계에 있는 자가 그 특정법인과 일정한 거래(2)를 하는 경우 (1) 결손금이 있거나 휴·폐업 중에 있는 법인 혹은 지배주주 등의 지분비율이 50% 이상인 법인 (2) 재산이나 용역의 무상제공, 현저히 낮거나 높은 대가로 양도하거나 받는 경우

증여 추정과 증여 의제의 차이점을 살펴보자. '추정'은 그 반대 사실에 대한 증명이 있는 경우 그 추정이 번복되는 것을 의미한다. 예를 들어 배우자 등의 양도 시 이익의 증여 추정이나 재산취득자금 증여 추정의 경우 당사자 소명이 있으면 증여로 보지 않는다. 반면 '의제'란 본질이 다른 것을 일정한 법률적 취급에 있어 동일한 것으로 봐 같은 효과를 부여하는 것으로 반증을 들어도 법령에서 의제한 효과를 뒤집지 못한다.

그렇다면 증여받은 자산을 반환하거나 재증여하는 경우는 어떨까. 세법에선 증여를 받은 자가 증여 계약의 해제 등에 의해 증여받은 재산(금전 제외)을 증여자에게 반환 또는 다시 증여하는 경우 반환 기간에 따라 증여세 과세 여부를 달리하고 있다.

기간에 따른 증여세 과세

반환 또는 재증여 시기	당초 증여분	반환 또는 재증여
증여세 신고기한 이내	과세 제외	과세 제외
신고기한 경과 후 3개월 이내	과세	과세 제외
신고기한 경과 후 3개월 이후	과세	과세
금전(시가와 관계없이)	과세	과세

증여세의 계산

이제 증여세의 계산 과정에 대해 알아보자. 증여세 계산 구조는 기본적으로 상속세와 매우 유사하다. 이번 장에서는 상속세와 차이가 나는 부분만 설명한다.

① 10년 이내 증여재산가산액(❷)

우선 특정 증여일 전(3차 증여) 10년 이내에 동일인(증여자가 직계존속인 경우에는 그 직계존속의 배우자를 포함)으로부터 받은 증여재산가액의 합계액이 1,000만 원 이상인 경우엔 그 금액을 증여세 과세 가액에

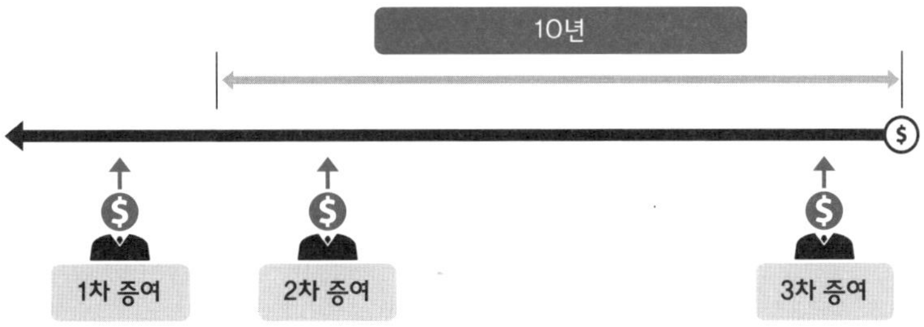

증여세 계산

〈기본세율〉

❶ **상속재산가액** → 국내외 모든 증여재산으로 증여일 현재의 시가로 평가

⊕

상속개시 전 증여재산가액 → 해당 증여 전 동일인으로부터 10년 이내에 증여받은 증여재산가액의 합계액이 1,000만 원 이상인 경우 그 가액을 가산
→ 증여자가 직계존속인 경우 그 배우자도 동일인에 해당

❷ ⊖

상속개시 전 증여재산가액 → 비과세(사회통념상 인정되는 피부양자의 생활비, 교육비 등)
→ 과세가액 불산입재산(공익법인 등에 출연한 재산 등)

⊖

❸ **상속재산가액** → 증여재산에 담보된 채무인수액(임대보증금, 금융기관채무 등)

↓

❹ **상속개시 전 증여재산가액**

⊖

❺ **증여재산공제 등** → 수증자가 다음의 증여자로부터 증여받는 경우 적용

증여자	배우자	직계존속1)	직계비속2)	기타친족3)
공제 한도액	6억 원	5,000만 원(수증자가 미성년자인 경우 2,000만 원)	5,000만 원	1,000만 원

1) 2013년 12월 31일 이전 3,000만 원(수증자가 미성년자인 경우 1,500만 원)
2) 2015년 12월 31일 이전 3,000만 원
3) 2015년 12월 31일 이전 500만 원

→ 위 증여재산공제 한도는 10년간의 누계한도액임

⊖

❻ **감정평가수수료** → 부동산 감정평가법인의 수수료 등

↓

❼ **증여세과세표준**

⊗

❽ **세율**

과세표준	1억 원 이하	5억 원 이하	10억 원 이하	30억 원 이하	30억 원 초과
세율	10%	20%	30%	40%	50%
누진 공제액	없음	1,000만 원	6,000만 원	1억 6,000만 원	4억 6,000만 원

↓

❾ **산출세액** → (증여세 과세표준 X 세율) −누진공제액

⊕

❿ **세대생략할증과세액** → 세대생략 증여 시 30% 할증
(단, 미성년자가 20억 원을 초과하여 수증한 경우 40% 할증)
→ 직계비속 사망 시 예외

⊖

⓫ **세액공제 등** → 신고세액공제, 납부세액공제, 외국납부세액공제, 박물관자료 징수유예세액

⊕

⓬ **신고납부불성실 가산세 등**

↓

⓭ **납부할 증여세액**

가산한다.

3차 증여 시점에서 볼 때 2차 증여가 만약 없었다면 10년 이상된 시기에 발생한 1차 증여는 가산되지 않는다. 반면 2차 증여는 10년 이내이므로 가산 대상이다. 또한 증여를 한 사람에 배우자가 포함되므로 2차엔 아버지가, 3차엔 어머니가 자식에게 증여를 했다고 해도 이는 같은 '증여 재산'의 범주에 포함된다. 또한 증여재산가액의 합계액이 1,000만 원 이상인 경우이므로 만약 2차에 1,800만 원, 3차에 1,200만 원을 증여했다면 증여세 과세 가액은 3,000만 원이 된다. 반면 2차에 800만 원, 3차에 1,200만 원을 증여했다면 증여세 과세 가액은 1,200만 원이다(1,000만 원 이상인 경우에만 합산).

② 증여재산공제 등(❺)

국내에 거주하고 있는 자가 친족으로부터 증여를 받은 때에는 증여자별 구분에 따른 금액을 과세가액에서 공제한다.

유의할 것은 상기 공제금액이 증여를 받을 때마다 적용되는 게 아

증여자별 공제액

증여자	공제액
배우자(사실혼 제외)	6억 원
직계존속	5,000만 원(단, 수증자가 미성년이면 2,000만 원)
직계비속	5,000만 원
6촌 이내 혈족, 4촌 이내 인척	1,000만 원

니라는 점이다. 수증자가 각 재산 항목별로 증여자로부터 10년 동안 증여받은 재산가액에서 공제받을 수 있는 합계액이다.

재산의 평가

이제 증여 재산의 가치를 평가하는 방법에 대해 알아볼 차례다. 증여재산의 평가 원칙은 증여일 현재의 시가가 우선이다. 다만, 시가를 산정하기 어려운 경우에는 당해 재산의 종류나 규모, 거래 상황 등을 감안해 규정된 방법(이하 '보충적 평가방법')에 따라 평가한 가액을 '시가'로 본다.

시가란 불특정 다수인 사이에 자유로이 거래가 이루어지는 때 통상 성립된다고 인정되는 가액을 말하는 것으로, 증여일 전후 3월 이내의 기간 중 매매·감정·수용·경매 또는 공매가 있는 경우 해당 가액을 포함한다.

반면 상당수의 부동산과 비상장 주식은 시가가 없는 게 일반적이므로 '보충적 평가방법'의 산정이 상당히 중요하다. 부동산 등의 보충적 평가 방법에 대하여만 간단히 살펴보자.

▶ **토지**: 개별공시지가에 의하여 평가

▶ **주택**: '부동산 가격공시에 관한 법률'에 의한 개별주택가격 및 공동주택가격으로 평가

▶ **일반건물**: 신축가격기준액·구조·용도·위치·신축연도·개별건물의 특성 등을 참작해 매년 1회 이상 국세청장이 산정·고시하는 가액으로 평가

▶ **오피스텔 및 상업용 건물**: 국세청장이 지정하는 지역에 소재하면서 국세청장이 토지와 건물에 대해 일괄 산정·고시한 가액이 있는 경우 그 고시한 가액으로 평가하며, 가액이 없는 경우엔 상기 내용의 토지와 건물을 각각 별도로 평가해 가액을 책정

▶ **임대차 계약이 체결된 재산**: 임대차 계약이 체결된 재산의 평가액 = MAX [① 보충적 평가가액, ② 임대보증금 환산가액]
※임대보증금 환산가액: (임대보증금) + (1년간 임대료 합계액 ÷ 0.12)

▶ **저당권이 설정된 재산**: MAX [① 시가, ② 보충적 평가방법, ③ 저당권 재산이 담보하는 채권액]

이상 상속세와 증여세에 대해 알아봤는데 내용이 매우 복잡하고 방대하다. 따라서 앞에서 설명한 각종 상속·증여 유형에 해당하는 거래를 하는 경우는 반드시 회계사, 세무사 등 전문가와 상의해 거래를 안전하게 진행할 것을 권한다.

TIP

⑪

증여세 절세전략

1. 사전계획에 따라 증여 전략을 수립하라

앞서 증여세 계산구조에서 10년 이내 증여재산가산액에 대해 살펴본 대로 10년을 주기로 증여한다면 합산 과세가 되지 않는다. 따라서 부동산, 주식 등 재산 가치가 늘어난다는 가정하에 증여세를 어느 정도 물더라도 지금 자녀에게 재산을 증여해 주면 10년, 20년 후에는 그 재산이 몇 배로 늘어날 수 있다. 만약 증여 없이 나중에 한꺼번에 상속을 하게 되면 훨씬 많은 상속세를 내야 하는 경우가 발생할 수 있다.

따라서 사전 계획에 따라 장기적인 증여계획을 수립하는 게 매우 중요하다. 이때 증여 사실을 인정받으려면 반드시 증여세를 신고해야 하며, 과세 미달로 신고하는 것보다는 납부세액이 약간 나오도록 하는 게 좋다. 이를 통해 언제, 누구로부터, 얼마만큼을 증여받았고 증여세는 얼마를 냈는지 그 신고서 및 영수증 등을 근거로 남겨두면 더욱 좋다.

2. 공시지가나 기준시가가 고시되기 전에 증여하라

앞서 설명한 대로 시가를 산정하기 어려운 경우 토지는 개별공시지가, 주택은 개별(공동)주택가격, 주택 이외의 건물은 국세청 기준시가로 부동산 가액을 평가해 증여세를 계산한다. 그런데 개별공시지가, 개별(공동)주택가격 및 국세청 기준시가는 통상 1년에 한 번씩 고시하므로 증여일 현재 당해연도의 기준가격이 고시되어 있으면 해당 고시가격을 기준가격으로 적용하고, 당해연도의 기준가격이 고시되어 있지 않으면 전년도 기준가격을 적용하게 된다.

지금까지의 예로 봐선 개별공시지가나 국세청 기준시가는 특별한 경우를 제외하고는 매년 전년도보다 조금씩 높게 결정된다. 즉 부동산을 증여하고자 하는 경우에는 부동산 가격이 하락하는 등 특별한 사유가 없는 한 고시일 이전에 증여하면 세금을 조금이라도 절약할 수 있다.

참고로 개별공시지가는 매년 5월 말, 개별(공동)주택가격은 매년 4월 말, 국세청 기준시가는 오피스텔·상업용 건물 등의 경우 매년 12월 말경 고시한다.

3. 자녀 증여세를 부모가 대신 납부하면 또 다시 증여세가 과세된다

자녀에게 부동산이나 주식 등을 증여하는 경우 증여세는 증여를 받은 자녀가 납부해야 되는데 자녀가 소득이 없으면 세금을 납부할 능력도 없게 된다. 만약 현금으로 증여를 받으면 그 돈으로 세금을 납부하면 되지만 부동산이나 주식을 증여받으면 이를 처분하지 않는 한 세금을 납부할 방법이 없다. 그렇다고 세금을 안 낼 수도 없으므로 결국 부모가 대신 납부하게 되는 경우가 있다.

이와 같이 자녀를 대신해 납부한 증여세는 부모가 또 다시 증여한 것으로 봐 당초 증여한 재산가액 대신 납부한 증여세를 합산해 추가 과세하므로 주의가 필요하다.

4. 일정금액 이하는 증여 추정이 배제된다

집값이 천정부지로 오르고 있는 이때 자녀가 결혼하면서 부모로부터 주택취득자금 일부를 받는다면 어떻게 될까. 앞서 기술한 재산취득자금 증여추정규정에 의해 부모

구분	취득재산		채무상환	총액한도
	주택	기타재산		
1. 세대주인 경우				
가. 30세 이상인 자	2억 원	5,000만 원	5,000만 원	2억 5,000만 원
나. 40세 이상인 자	4억 원	1억 원		5억 원
2. 세대주가 아닌 경우				
가. 30세 이상인 자	1억 원	5,000만 원	5,000만 원	1억 5,000만 원
나. 40세 이상인 자	2억 원	1억 원		3억 원
3. 30세 미만인 자	5,000만 원	5,000만 원	5,000만 원	1억 원

도움을 받은 자녀들은 무조건 증여세를 내야만 할까.
과세당국은 나이 및 세대주 여부에 따라 일정 기준금액 이하인 경우 증여추정기준을 적용하지 않고 있다. 이를 숙지할 경우 많은 도움이 되니 금액 기준에 대해 주의를 기울여 읽어보길 바란다.

06
'특수관계자' 거래에 물리는 세금

이번에는 이른바 '특수관계자'에 대해 알아볼 차례다. 과연 특수관계자란 누구이며, 이 특수관계자와의 자산 거래 시 내야 하는 세금은 얼마인지 짚어보도록 하겠다.

앞에서 양도소득세 부담부증여에서 잠깐 언급한 바와 같이 세법에서 특수관계자와의 거래를 원천적으로 금지하거나 부정하지는 않는다. 다만 특수관계자와의 거래는 일반적인 거래에 비해 조세소득에 대한 감면을 가져올 것이라는 의심이 강하게 들기 때문에 특수관계자와의 거래에 대해서는 특별히 별도의 규정을 두고 일정 기준 이상의 손해(상대방에게는 이득)가 날 경우 그 행위에 대해 부당행위로 규정하고 그에 대한 계산을 부인하고 있다.

부당행위부인이란?

부당행위부인이란 용어 그대로 부당행위不當行爲를 부인否認(세무상으로 인정하지 않는 것)으로 ① 거래당사자가 특수관계자와의 거래이어야 하고, ② 거래 내용이 조세부담을 부당하게 감소시킨 것으로 인정되는 경우, ③ 현저한 이익의 분여(각각의 몫에 따라 나누어 줌)가 있는 경우에 실제 거래된 가격과 관계없이 세무당국이 별도로 판매가격을 계산해 과세를 할 수 있도록 하고 있다.

부당행위계산 유형

1 고가양수·저가양수 및 출자관계에서 발생되는 부당행위계산 유형

- 자산을 시가보다 높은 가액으로 매입하거나 현물출자를 받는 경우
- 무수익 자산을 매입 또는 현물출자 받거나 동 자산의 유지 관리비를 부담하는 경우
- 자산을 무상 또는 저가로 양도하거나 현물출자하는 경우
- 불량자산을 차환하거나 양수한 경우

2 이율, 요율, 임·대차료 관계에서 발생되는 유형

- 금전, 자산 용역을 무상으로 혹은 시가보다 낮거나 높은 이율로 대부하거나 임대 임차한 경우

3 자본거래에 해당하는 부당행위계산

- 불공정한 비율로 합병하는 경우
- 신주인수권을 포기하거나 높은 가액으로 인수하는 경우
- 법인이 저가로 발행한 전환사채를 특수관계인이 인수하는 경우

4 기타

- 특정 임직원에게만 급여나 퇴직금을 다른 직원보다 인상하여 지급하는 경우
- 파생상품에 근거한 권리를 행사하지 아니하거나 그 행사기간을 조정하는 등의 방법으로 이익을 분여하는 경우
- 기타 위의 행위에 준하는 행위 또는 계산 및 그 외에 법인의 이익을 분여하였다고 인정되는 경우

이러한 부당행위계산부인제도는 세법 전반에 걸쳐 골고루 적용되도록 규정돼 있으며, 법인과 법인 간의 거래는 물론 개인과 개인 간 거래, 법인과 개인사업자 간의 거래도 부당행위계산부인의 적용 대상이 된다. 부당행위부인에 관한 내용은 법인세법, 소득세법, 부가가치세법, 상속·증여세법에서 각각 규정하고 있다.

대표적인 부당행위계산의 유형은 고가양수·저가양수 및 출자관계에서 발생되는 부당행위계산 유형, 이율, 요율, 임·대차료 관계에서 발생되는 유형, 자본거래에 해당하는 부당행위계산 유형, 기타 유형 등 크게 네 가지로 나뉜다.

단 부당행위계산부인의 효과는 해당 행위로 인한 계산을 부인해 세금을 다시 책정한다는 의미이지, 거래 당사자 간 적법하게 성립한 법률 행위나 계산 그 자체의 사법상 효력까지 부인하는 건 아니다(즉, 법적으로는 유효한 거래다).

부당행위부인의 가장 단순한 예인 '저가양도'를 기준으로 설명을 해보자.

먼저 부당행위인지를 판단하기 위해 시가의 개념에 대하여 알아

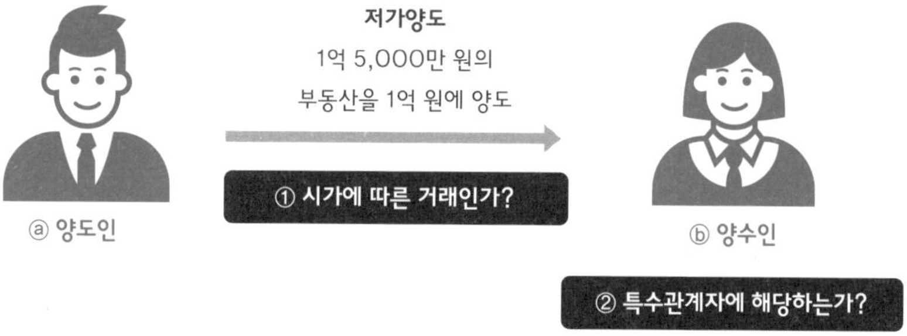

둘 필요가 있다. 시가란 "건전한 사회통념 및 상관행과 특수관계자가 아닌 자 간의 거래에서 적용되거나 적용될 것으로 판단되는 가격·요율·이자율·임대료 및 교환비율 기타 이에 준하는 것"을 의미한다.

그러나 상당 부분 시가가 불분명한 경우가 많다. 이때 ① 감정평가법인이 감정한 가액이 있는 경우 그 가액(비상장주식 제외)을 적용하고 감정가액이 없는 경우는 ② 상속·증여세법을 준용해 평가한 가액을 적용한다. 상속·증여세법은 뒷장에서 자세히 다룬다.

각각 거래대상에 따른 세무상 처리를 간단히 요약한 표를 살펴보자. 거래 주체가 법인인지 개인인지, 상대방이 특수관계자인지 특수관계자가 아닌지에 따라 각각의 법률에서 다르게 규정하고 있다.

거래대상에 따른 세무상 처리

<table>
<tr><th>구분</th><th>대상거래</th><th colspan="2">과세금액</th></tr>
<tr><td rowspan="2">부당행위
계산부인
(법인세,종합소득세,
양도소득세)</td><td rowspan="2">특수관계자와 거래:
시가와 대가의 차이가
5% 이상이거나 3억 원 이상</td><td>저가양도: 시가 – 대가</td><td rowspan="2">익금 산입
(상여 처분,
증여세 과세분은
기타사외유출로 처분)</td></tr>
<tr><td>고가양수: 대가 – 시가</td></tr>
<tr><td rowspan="2">기부금 의제
(법인세,
종합소득세)</td><td rowspan="2">특수관계자 외의 자와 거래:
정당한 사유 없이 정상가액보다 낮거나 높게 거래
※ 정상가액: 시가±30%</td><td>저가양도:
정상가액 – 대가</td><td rowspan="2">비지정기부금
손금불산입</td></tr>
<tr><td>고가양수:
대가 – 정상가액</td></tr>
<tr><td rowspan="4">고저가
양수도
증여 의제</td><td rowspan="2">특수관계자와 거래:
시가와 대가의 차이가
30% 이상이거나
3억 원 이상</td><td>저가양도: (시가 – 대가)
– Min [시가X30%, 3억 원]</td><td>양도자: 양도세 과세
양수자: 증여세 과세</td></tr>
<tr><td>고가양수: (대가 – 시가)
– Min [시가X30%, 3억 원]</td><td>양도자:
양도세 증여세 과세</td></tr>
<tr><td rowspan="2">특수관계자 외의 자와 거래:
정당한 사유 없이 시가와 대가의 차이가 30% 이상이고 차액이 3억 원 이상</td><td>저가양수:
(시가 – 대가) –3억 원</td><td rowspan="2">증여세 과세</td></tr>
<tr><td>고가양도:
(대가 – 시가) –3억 원</td></tr>
</table>

1억 5,000만 원의 부동산을 1억 원에 양도한 앞의 사례를 적용해보자. 양도인 ⓐ가 시가 1억 5,000만 원인 부동산을 양수인 ⓑ에게 1억 원에 양도했다고 가정한다(부동산의 취득가액은 6,000만 원). ⓐ는 특수관계자이거나 특별한 사정이 있지 않고서는 1억 5,000만 원짜리 부동산을 1억 원에 팔 이유가 없다. 이 거래에 대해 각각 어떻게 과세가 이뤄지는지 CASE 1~4에 해당하는 내용들을 살펴보자.

특수관계자와의 거래 시 양도차익

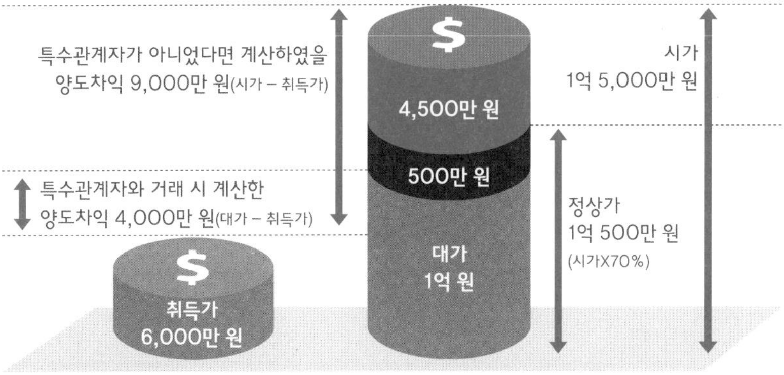

CASE 1

양도인 ⓐ가 법인이고 ⓑ가 특수관계자(ⓐ법인의 임원)인 경우는 시가와 대가의 차이가 5% 이상이거나 3억 원 이상이므로 부당행위부인에 해당한다.

1억 5,000만 원(시가) – 1억 원(대가) = 5,000만 원 〉 MIN [1억 5000만 원 X 5% = 750만 원, 3억 원]
양도법인 ⓐ 부당행위계산부인: 시가인 1억 5,000만 원에서 대가인 1억 원을 차감한 5,000만 원은 익금에 산입(소득처분 5,000만 원 상여)돼 법인세를 추가로 납부하게 된다.
양수자 ⓑ 소득세 과세: MIN [1억 5,000만 원 – 1억 원] = 5,000만 원에 대한 소득세 납부

CASE 2

양도인 ⓐ가 법인이고 ⓑ가 특수관계자가 아닌 경우는 한도를 초과하는 금액을 기부금으로 처리한다.

양도법인 ⓐ 비지정기부금: 1억 5,000만 원 X 70% – 1억 원 = 500만 원 손금불산입
양수자 ⓑ 증여세 과세: 1억 5,000만 원 – 1억 원 = 5,000만 원으로 차액이 3억 원 이하이므로 해당 없음

CASE 3

양도인 ⓐ가 사업자가 아닌 개인이고 ⓑ가 특수관계자(ⓐ의 아들)인 경우는 쌍방이 개인이므로 소득세와 증여세의 영역이다.

양도자 ⓐ: 시가 1억 5,000만 원 – 대가 1억 원 = 차이 5,000만 원 〉 MIN [1억 5,000만 원 X 5%, 3억 원]이므로 부당행위부인에 해당한다. 따라서 기존에 양도자가 신고한 양도차익 4,000만 원이 아닌 9,000만 원에 대한 양도소득세가 과세된다.
양수자 ⓑ: 시가 1억 5,000만 원 – 대가 1억 원 = 차이 5,000만 원 – MIN [1억 5,000만 원 X30%, 3억 원] = 500만 원에 대해 증여세가 과세된다.

CASE 4

양도인 ⓐ가 사업자가 아닌 개인이고, ⓑ가 특수관계자가 아닌 경우에는 증여세가 과세되지 않는다.

양도자 ⓐ: 특수관계자가 아니므로 부당행위계산부인 규정 대상 아님(양도인은 양도차익 4,000만 원에 대한 양도소득세를 당연히 납부해야 함)
양수자 ⓑ: 시가 1억 5,000만 원 – 대가 1억 원 = 차이 5,000만 원〉 MIN [1억 5,000만 원 X 30%, 3억 원]
그러나 증여재산가액은 시가 1억 5,000만 원 – 대가 1억 원 – 3억 원, 즉 0 이하이므로 증여재산가액이 없으며 따라서 증여세가 과세되지 않는다.

그렇다면 세법에서 말하는 특수관계자라 함은 어떤 관계일까. 특수관계자에 대한 정의는 국세기본법, 소득세법, 법인세법, 상속·증여세법 및 지방세법에서 각각 열거하고 있다.

특수관계자란?

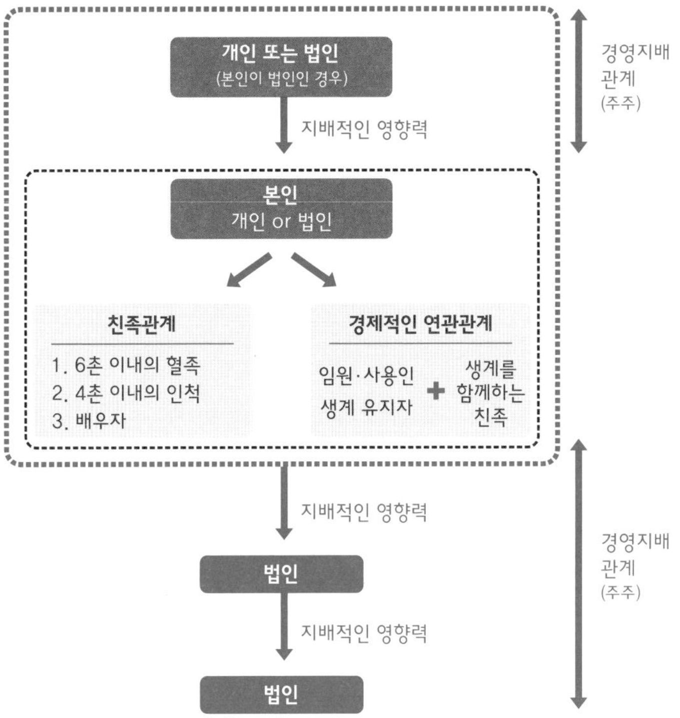

※ 지배적인 영향력의 의미

1. 영리법인인 경우
- 30% 이상 출자
- 임원의 임면권의 행사, 사업 방침의 결정 등 사실상 영향력을 행사

2. 비영리법인인 경우
- 이사의 과반수를 차지
- 법인의 출연재산(설립을 위한 출연재산만 해당)의 30/100 이상을 출연하고 그중 1인이 설립자인 경우

약간씩 차이가 있으나 소득세법(국세기본법)에서 정의하는 특수관계자를 기준으로 설명하도록 하겠다.

소득세법에서는 당해 거주자의 친족(배우자, 혈족, 인척), 당해사업을 하는 거주자의 종업원과 그 종업원과 생계를 같이하는 친족, 종업원은 아니지만, 당해 거주자가 경제적인 도움을 주어 생계를 유지하는 자 및 그와 같이 사는 친족, 앞의 조건에 해당하는 자가 보유한 주식이 총 주식의 30% 이상이 되는 법인 중 어느 하나의 관계에 있으면 특수관계자로 보고 있다.

이때 '혈족'이란 피를 나눈 친척으로서 '아버지, 어머니, 형제자매, 할아버지, 할머니, 외할아버지, 외할머니, 이모, 외숙부, 고모' 등을, '인척'은 결혼으로 맺어진 인연으로 '장인, 장모, 형수, 제수, 매제, 매부, 올케, 형부, 처남, 처제, 처형, 시누이, 시동생, 이모부, 고모부' 등이 해당된다. 이때 일방이 특수관계자에 해당하면 나머지 거래 상대방도 특수관계자로 본다.

지금까지 특수관계자에 대해 알아봤다. 특수관계자 간의 거래를 그대로 인정할 경우 공평과세 실현에 문제가 발생하므로 부당행위부인 규정 외에 여러 부분에서 특수관계자 간의 거래를 언급하고 있다.

▶ **접대비 한도 계산 시:** 법인 결산 시 접대비 한도를 정할 때 매출액 기준 한도 계산 시 특수관계자와의 매출액은 일반한도의 20%만 적용한다.

▶ **대손충당금 설정 시 한도액 채권:** 대손충당금 설정 한도 계산 시 특수관계자에게 업무와 무관한 가지급금은 한도금액 계산 시 제외된다.

▶ **불균등자본거래 시:** 기타 법인이 합병, 증자, 감자 시 특수관계자인 특정주주에게 불균등합병, 불균등증자, 불균등현물출자, 불균등감자로 인해 현저한 이익을 분여했을 경우에는 증여의 문제가 발생하게 된다(상속·증여세법을 다루는 다음 장에서 더 자세히 설명).

▶ **과점주주취득세:** 법인(유가증권시장 상장 법인 제외)의 과점주주가 되면 그 지분 비율만큼의 과세 물건을 그 과점주주가 새로 취득한 것으로 보아 취득세를 과세하는데, 이를 과점주주의 간주취득에 대한 취득세 납세의무라고 하며 과점주주를 판단할 때 특수관계자 개념이 적용된다.

▶ **일감몰아주기증여세:** 신고 대상자는 수혜법인(일감을 받은 법인)이 특수관계법인과 정상거래비율 30%(중소·중견기업은 50%)를 초과해 거래하고 세후 영업이익이 생긴 경우로서, 수혜법인의 주식을 3%(중소·중견기업은 10%) 초과해 보유한 지배주주와 그 친족주주가 신고납부 대상이다. 그 밖에 외부감사 대상 회사이면 금융감독원 전자공시시스템에 공시되는 감사보고서상에 기타 특수관계자와의 거래내역 및 채권채무 내역을 외부공시해야 하며 세무 신고시에도 특수관계자와의 거래에서 발생한 수입금액에 대해 별도로 표시하게 돼 있다.

위의 경우처럼 세법에서는 특수관계자의 범위가 대단히 넓고, 그 거래에 대해서도 여러 제약을 두고 있다. 물론 위에서 언급한 것처럼 특수관계자와의 거래 자체가 위법이거나 불법은 아니기 때문에 세법이 정해놓은 범위를 인지하고 그 범위 내에서 거래를 하는 것이 절세의 포인트이며, 거래 상대방이 특수관계자에 해당하면 반드시 전문가의 조언을 받는 것이 좋다.

07
스마트하게 '법인전환'하기

지금까지 개인사업자로서 창업을 하는 데 필요한 회계·세무 지식을 알아봤다.

그렇게 개인사업자로 시작한 사업이 원활히 운영돼 점점 규모가 커지면 사업 주체를 '개인'으로 그냥 둘지, 아니면 '법인'으로 전환할지 고민하는 시점이 도래한다. 마지막 장은 바로 '스마트하게 법인전환하기'이다.

법인전환을 위한 최적의 시점을 찾기 위해 첫 장 '나는 개인사업자인가, 법인사업자인가?'를 다시 보도록 하자.

법인이 잉여금을 전액 배당한다는 전제로 개인사업자와 법인이 내야 할 세금을 각각 비교했었다. 그런데 당분간 재투자 등을 위해 배당 계획이 없을 경우 법인전환을 진지하게 고려할 필요가 있다. 이 밖에도 이익의 규모가 현저히 커졌거나(예를 들어 과세 표준이 2억 원에서 20억 원으로 올랐을 때) 성실신고확인 대상이 돼 소득에 대한 세무 신고가 투명화됐을 때, 또 이 때문에 세부담이 점차 늘어날 것으로 예상되는 경우엔 현재의 개입사업자 신분을 법인으로 전환하는 것을 검토해야 한다.

이 밖에 개인사업자가 법인으로 전환할 경우 정부 정책자금 지원 및 기타 고용 지원 정책 등의 혜택을 누릴 수 있고, 대외적으로는 회사 신임도를 향상시켜 기업 간 거래가 더 활성화되는 긍정적인 효과도 기대할 수 있다.

최근 정부 정책들도 법인 전환을 장려하고 있어 매출 규모가 커진 개인사업자라면 법인전환을 통해 얻을 수 있는 다양한 혜택과 기대 효과, 문제점과 예상 가능한 불편 등을 비교해 보고 실익이 큰 방향으로 사업자 유형을 선택하는 게 바람직하다.

법인전환의 유형

법인전환이란 개인사업주가 경영상 권리·의무의 주체가 돼 경영하던 기업을 법인의 형태로 바꾸는 것을 의미한다. 즉 기업주와 다른 법률상의 권리와 의무를 갖춘 법인으로 사업체를 변경하는 것인데, 이런 법인전환을 위해선 상법·세법 등을 비롯한 각종 법률과 제반 절차를 거쳐야 한다. 법인전환의 유형은 다음과 같다.

법인전환 유형

구분	법인전환의 유형
조세지원을 받지 않는 법인전환	일반 사업양수도에 의한 법인전환
조세지원을 받는 법인전환	세감면 사업양수도에 의한 법인전환
	현물출자에 의한 법인전환
	중소기업 간 통합에 의한 법인전환

위 표에서 알 수 있는 것처럼 법인전환 시 조세지원을 받을 수 있을 때와 그렇지 않을 때가 있다. 그럼 어떠한 경우에 조세지원을 받는 것일까.

개인사업자가 법인사업자로 전환할 경우 원칙적으로 양도소득세나 부가가치세, 취·등록세 등 여러 종류의 세금을 납부해야 한다. 반면 조세지원을 받는 법인전환을 할 경우 양도소득세는 이월 과세(사업용 고정자산 등을 양도한 개인이 양도소득세를 내지 않고, 이를 양수한 법인이 추후 사업용 고정자산을 양도할 때 개인의 양도소득세 산출세액 상당액을 법인세로 납부하는

법인전환 시 납부 세금

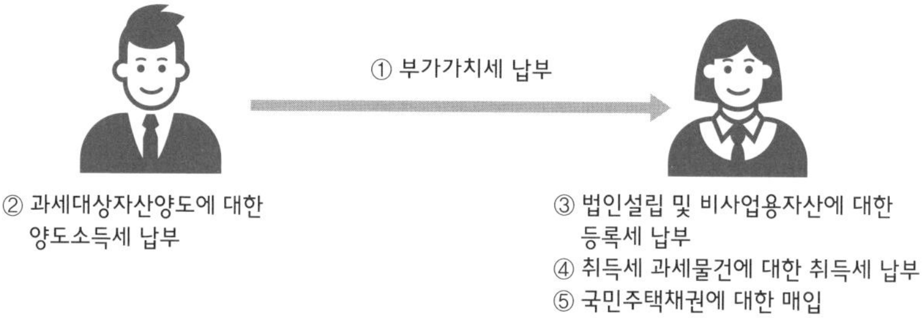

일반 사업양수도에 의한 법인전환

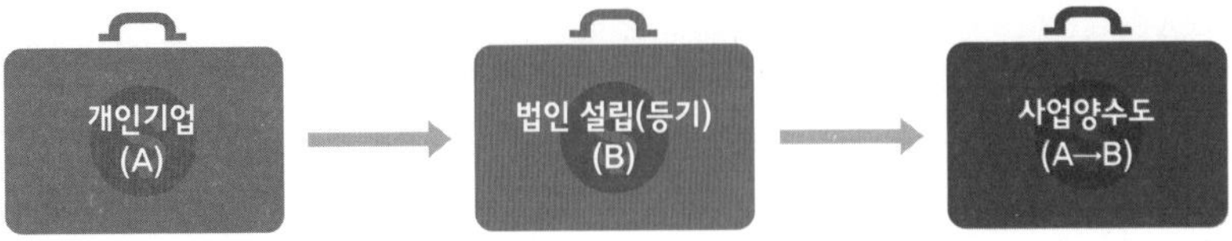

제도)되며, 나머지 세금도 부과되지 않는다.

그럼 각각의 법인전환 방법에 대해 알아보자. 우선 일반 사업양수도에 의한 법인전환, 즉 조세지원을 받지 못하는 경우부터 살펴보자.

① 일반 사업양수도에 의한 법인전환

일반 사업양수도에 의한 법인전환이란 개인기업주가 발기인이 돼 먼저 법인을 설립한 후 해당 기업주가 운영했던 사업체를 동 법인에 양도하는 방법이다. 앞서 언급한 대로 이 방법은 조세특례제한법상의 조세지원 혜택을 받을 수 없다. 단지 상법 규정에 의해 새로 설립한 법인에 개인기업을 양도함으로서 법인전환을 하는 것으로 가장 쉽고 간단한 방법이다.

② 세감면 사업양수도에 의한 법인전환

이제부턴 조세지원을 받는 법인전환에 대해 알아보자. 첫째, 세감면 사업양수도에 의한 법인전환은 흔히 '포괄양수도에 의한 법인전환'으로 불리는 방법이다(포괄양수도: 사업장별로 사업의 양도인이 양수인에게 모든

세감면 사업양수도에 의한 법인전환

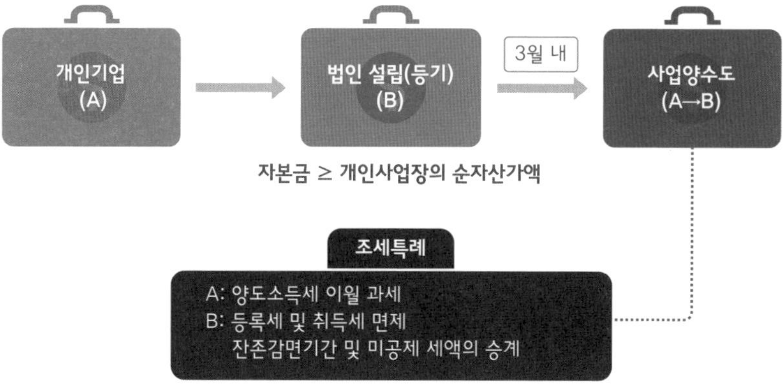

사업 시설과 그 사업에 관한 인적·물적 권리와 의무 일체를 양도해 양수인이 양도인과 동일시될 정도로 회사 자산을 그대로 승계하는 계약).

조세 특례 혜택을 받기 위해선 다음 조건을 충족해야 한다.

- ▶ 호텔업, 여관업 등 소비성 서비스업과 같은 일부 업종은 배제된다.
- ▶ 법인 설립일부터 3월 이내 사업에 관한 모든 권리와 의무를 당해 법인에 포괄적으로 양도해야 한다.
- ▶ 개인사업자는 회사설립 시 발기인으로 참여해야 한다.
- ▶ 새로 설립되는 법인 자본금은 법인 전환으로 인해 소멸하는 사업장의 순자산가액 이상이 돼야 한다.

③ 현물출자에 의한 법인전환

현물출자에 의한 법인전환은 개인기업주가 자기의 사업용 자산 및 부채를 포괄적으로 현물출자해 법인을 설립하는 방법이다. 현물출자란 금전이 아닌 재산을 출자하는 것이다. 상법에선 주식회사의 자본금을 금전으로 출자하는 것이 원칙이지만 필요한 경우 금전 외 재산으로 출자하는 것을 인정하고 있다. 이를 위해선 상법 규정에 의해 법원이 선임한 검사인의 조사를 받아야 하며, 검사인의 조사는 공인된 감정인의 감정으로 갈음할 수 있다.

현물출자에 의한 법인전환 시 주의할 것은 우선 '세감면 사업양수도에 의한 법인전환'과 마찬가지로 새 법인의 자본금이 법인전환으로 인해 소멸하는 사업장의 순자산가액 이상이어야 한다는 점이다. 또 법인설립 등기 전 현물출자를 하는 경우에만 조세특례가 가능하다.

현물출자에 의한 법인전환

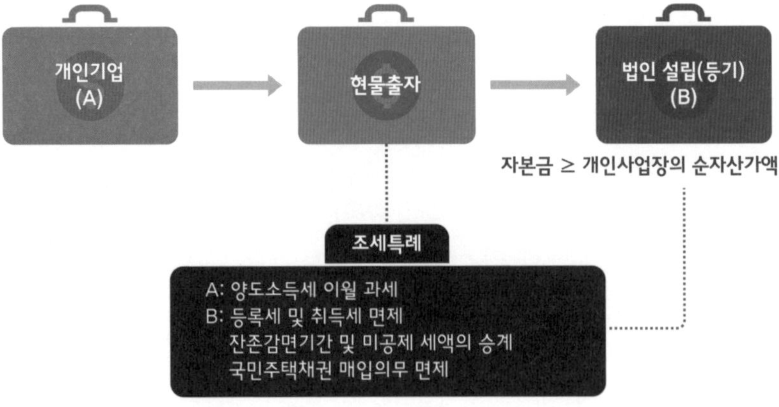

'세감면 사업양수도에 의한 법인전환'과 '현물출자에 의한 법인전환'의 가장 큰 차이는 법인 설립 시 자본금의 필요 여부에 있다. 전자의 방식은 자본금을 조달해 은행에 납입해야 하는 반면 법인전환 절차가 간단하다는 특징이 있다. 반면, 현물출자 방식은 금전이 아닌 재산으로 출자를 하므로 별도의 자본금이 필요하지는 않지만 현물출자가액의 공정한 평가를 위한 감정기관의 감정, 법원검사인의 조사, 조세지원 요건 검토 등이 필요해 그 방식이 복잡하고 시간도 많이 든다는 단점이 있다.

④ 중소기업 간 통합에 의한 법인전환

세감면 사업양수도에 의한 법인전환과 현물출자에 의한 법인전환의 방법은 모두 하나의 기업만을 대상으로 하는 것이다. 그러나 두 개 이상의 기업을 대상으로 하는 경우엔 중소기업 간 통합에 의한 법인

중소기업 간 통합에 의한 법인전환

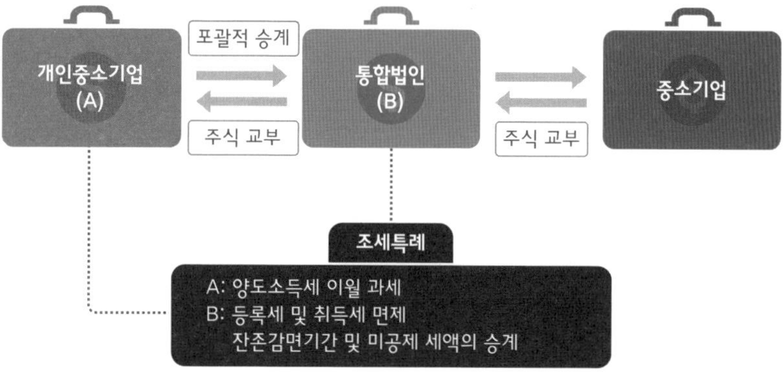

전환 방법을 써야 한다. 기업 통합이란 두 개 이상의 기업을 하나의 기업으로 병합하는 것을 의미한다. 상법이 규정하는 합병은 법인기업 상호 간의 병합을 전제로 하는 개념이지만, 조세특례제한법에선 법인 상호 간은 물론 법인과 개인기업, 개인기업 상호 간의 합동까지 포괄해 통합이라 하고 있다. 이 경우 통합 당사자가 모두 중소기업인 경우로서 일정한 요건을 충족할 때 법인전환 과정에서 발생하는 조세문제에 대해 양도소득세 이월 과세 등의 지원을 받을 수 있다.

이상 네 가지 법인전환 방법에 대해 간단히 살펴봤다. 이 가운데 어떤 방식을 선택할 지는 개인사업자의 자산 구성이 어떻게 돼 있는지, 자본금을 일시 납입할 여력이 있는지, 법인전환까지 시간의 여유가 충분한지 등을 고려하면 된다.

법인전환을 위한 의사결정 시 유의사항을 요약하면 다음과 같다.

법인 전환 시 유의사항

법인전환 유형 구분	현물출자	세감면 사업양수도	중소기업 간 통합	일반사업 양수도
세금부담	유리	유리	유리	불리
소요비용	가장 유리 (검사인 수수료 부담)	유리 (국민주택채권 매입 부담)	가장 유리	불리
소요기간	장기	단기	장기	단기
절차	복잡	단순	복잡	단순

법인전환 시 추가로 고려해야 할 것들

법인전환은 2011년 성실신고확인제도가 도입된 이후 개인사업자의 관심사로 떠올랐다. 성실신고확인제도란 일정 수입 이상의 대상자가 세금신고 전 세무사에게 신고내용을 확인받도록 한 제도로, 고소득 자영업자들의 고의적 탈세를 막기 위한 대책이다. 세부담을 이유로 거래 증빙을 관행적으로 무시한 적이 많았던 개인사업자로선 부담이 되는 제도였고, 이 때문에 법인전환을 고려한 이들이 많다.

필자가 만난 개인사업자 가운데 많은 분들이 '소득세율보다 법인세율이 낮다'는 이유로 법인전환을 진행하려고 했다. 그러나 이 외에도 법인이 될 경우 ① 개인사업자 대표에서 법인의 대표이사가 되면서 발생하는 급여 책정 및 배당 정책의 문제, ② 세감면 법인전환 방법을 택하더라도 필수적으로 발생되는 비용(법인등록세 및 등기비용과 각종 수수료 등), ③ 사업자번호 변경에 따른 영업선 재구축 및 협력업체 등록 문제 등 고려해야 할 점이 너무나도 많다.

법인전환의 간단한 성공사례와 실패사례를 들어보도록 하자.

성공사례

A씨는 기계장치 제조를 주업으로 하는 개인사업자다. 사업초기 각고의 노력을 한 끝에 경쟁력 있는 제품 개발에 성공, 현재 회사의 매출과 이익도 증가세에 있다. 이를 감안, A씨는 올해 개인사업자에서 법인으로 전환했다. 토지와 부동산 등 사업용 고정자산을 보유하지 않은 관계로 일반 사업양수도에 의한 빠른 법인전환을 진행했다.

이 과정에서 5억 원의 영업권이 산정돼 법인으로부터 영업권에 대한 대가를 받을 수 있게 됐다. 이를 통해 A씨는 그동안 개인사업자 시작 전 기계장치 개발로 인해 계상되지 못한 투자비용의 일부를 회수할 수 있게 됐으며, 법인도 영업권에 의한 감가상각비를 계상해 절세효과를 누릴 수 있게 됐다.

실패사례

개인사업자 B씨는 대기업의 1차 협력사에 납품을 하는 2차 협력 자동차 부품 제조회사다. B씨는 주변의 조언을 종합, 세감면 사업양수도에 의한 법인전환을 계획했다.

이 과정에서 순자산 이상의 자본금을 마련하기 위해 사채시장에서 고율의 자금을 대여했고, 이 때문에 많은 이자비용이 발생했다. 법인등록 이후엔 사업자등록번호가 달라짐에 따라 협력업체 등록까지 5개월이 소요됐으며, 그 사이 회사는 납품을 하지 못해 폐업 위기에 이르게 됐다.

이처럼 법인전환은 꼭 득만 되는 것도, 그렇다고 실만 많은 것도 아니다. 법인전환은 고려해야 할 사항이 많고 복잡하기 때문에 전문가의 조언을 받아 다각적인 측면에서 장·단점을 살펴봐야 할 것이다.

'나는 개인사업자인가, 법인사업자인가?'로부터 시작해 마지막 장 '스마트하게 법인전환하기'까지, 개인사업자가 꼭 알아둬야 할 회계·

세무 지식을 살펴봤다. 사업자들에게 큰 장애물인 회계·세무 장벽이 이 책을 통해 조금이라도 낮아졌길 기대해본다.

초짜 사장님들을 위한 부자 되는 절세 이야기,『창업회계학교』. 곧 출간될 〈법인사업자〉 편을 통해 법인사업자가 꼭 알아둬야 할 세무 지식 및 애로점, 이에 대한 해결 방안 등을 집중적으로 다루도록 하겠다.『창업회계학교』의 독자들에게 감사드린다는 말씀을 전한다.

책 속의 책

창업에 관한 모든 지식

1. 창업의 개념 및 창업 전 고려사항
2. 기술창업과 벤처창업
3. 창업기업의 각종 지원제도
4. 사업계획서 작성
5. 실패 후 재창업

01
창업의 개념 및 창업 전 고려사항

창업이란?

창업이란 일반적으로 '영리를 목적으로 개인사업체나 법인회사를 만드는 일' 또는 '창업자가 사업 아이디어를 자원과 결합해 영리 활동을 시작하는 일'이라고 정의할 수 있겠다. 창업은 사업 형태에 따라 일반창업, 벤처창업, 기술창업 등으로 구분된다.

우리가 먼저 알아둘 필요가 있는 일반창업에 대해 살펴보자. 기술창업과 벤처창업을 제외한 창업, 즉 가장 많은 사람들이 창업을 하는 형태가 바로 일반창업이다.

창업을 하면 조세 지원 등 사업 초기에 많은 혜택을 받을 수 있다. 다만 정부는 무분별한 지원을 방지하기 위해 몇몇 경우를 창업에 해당하지 않는 것으로 본다.

창업의 형태에 따른 분류

구분	주요 내용
기술창업	혁신기술 또는 아이디어를 가지고 새로운 시장을 창조해 제품이나 용역을 생산·판매하는 형태의 창업
벤처창업	고위험고수익(High Risk – High Return)에 충실한 창업. 반드시 기술창업을 전제로 하지는 않으며 벤처기업 육성에 관한 특별조치법에 의해 정의된 기업
일반창업	기술창업이나 벤처창업에 속하지 않는 형태로 도소매업과 일반서비스업, 생계형 소상공인 창업 등이 해당

① 사업 승계

타인으로부터 사업을 승계해 전과 같은 종류의 사업을 계속하는 경우는 창업으로 보지 않는다.

② 기업 형태의 변경

개인사업자가 법인전환을 하거나 법인의 조직 변경 등 기업 형태를 바꿔 변경 전과 같은 종류의 사업을 계속하는 경우는 창업으로 보지 않는다.

또한 개인사업자가 법인으로 전환하거나, 합병회사와 합자회사, 유한회사

사업 승계의 예	사업 승계에 해당하지 않는 경우
① 상속이나 증여에 의해 사업체를 취득해 동종 사업을 계속하는 경우 ② 폐업한 타인의 공장을 인수해 동일한 사업을 계속하는 경우 ③ 사업의 일부 또는 전부의 양도·양수에 의해 사업을 개시하는 경우 ④ 기존 공장을 임차해 기존 법인의 사업과 동종의 사업을 영위하는 경우	사업의 일부를 분리하여 해당 기업의 임직원이나 그 외의 자가 사업을 개시하는 경우로서 다음의 요건을 갖춘 경우로 함 ① 사업을 영위하던 자와 사업을 개시하는 자 사이에 사업 분리 계약을 체결한 경우 ② 사업을 개시하는 자가 새로이 설립되는 기업의 대표자로서 그 기업의 최대주주 또는 최대출자자가 된 경우

와 주식회사 상호 간에 법인 형태를 변경해 같은 종류의 사업을 계속하는 경우, 혹은 기업을 합병해 같은 종류의 사업을 영위하는 경우에도 창업으로 구분하지 않는다.

③ 폐업 후 사업 재개

폐업 후 사업을 개시해 폐업 전과 같은 종류의 사업을 계속하는 경우는 창업으로 보지 않는다. 사업의 일시적인 휴업이나 정지 후 다시 사업을 재개하는 경우, 공장을 이전하기 위해 기존 장소의 사업을 폐업하고, 새로운 장소에서 사업을 재개하는 경우도 마찬가지다.

창업을 시작하기 전 고려해야 할 것들

창업은 희소한 경영자원을 배분해 경쟁우위를 창출함으로써 지속적인 수익을 창출해내는 행위다. 그렇기 때문에 다른 무엇보다 사전에 철저한 준비가 필요하다.

자신이 창업을 하기에 얼마나 적합한가를 우선 판단한 다음, 사업목적과 사업아이디어를 검토하고 적절한 자본을 투자하여 인적·물적 자원을 조직화하는 등의 사전 작업이 꼭 필요하다.

(1) 창업 전 고려할 기본요소

① 창업 환경 예비분석

창업 예비자가 가장 먼저 해야 할 일은 자기 자신을 살펴보는 것. 자신의 자질 및 적성 등을 파악해 창업에 바람직한 사람인지 냉정하게 분석해봐야 한다. 더 나아가 자신이 가진 자원 및 환경이 창업하기에 충분한지, 창업 시기가 적당한지에 대해서도 검토가 필요하다.

② 사업 아이디어의 모색

사업의 성공적 운영은 사업 아이템이 얼마나 유망한지, 또 선택한 업종은 적정한지 등에 따라 결정된다. 더 나아가 사업 아이디어가 현재의 시장환경 조건에 적합한지도 고려해야 한다.

③ 사업타당성 분석

모든 사업은 시행하기 전 어떤 형태로든지 사업타당성 분석을 실시하는 게 좋다. 추진 사업의 적합성이나 시장성, 기술성, 수익성 등을 따져보는 일이 사업타당성 분석이다.

④ 사업계획서의 작성

사업타당성 분석을 통해 자신의 사업 아이디어가 유망한 것으로 판단되면 이제는 사업실행계획을 구체적으로 수립해야 한다. 사업계획서엔 제품(서비스) 계획과 제품(서비스)의 시장성, 판매 계획, 생산 및 설비 계획, 일정 계획 등 구체적인 사업활동 계획이 각 내역별로 구체적으로 포함돼야 한다.

⑤ 사업의 인·허가 검토

인·허가 사항은 사업 전 각 관계 법령의 규정에 따라 받아야 하는 행정절차다. 인·허가를 거쳐야 하는 업종은 개별 법령에 의해 제조활동에 필요한 시설기준 및 자격요건 등을 갖추어야만 사업운영을 할 수 있다. 따라서 창업자는 관련 법에 의거해 허가·승인·등록 또는 신고가 필요한 업종인지의 여부를 창업 준비단계에서 확인해야 한다.

(2) 창업 전 자금 계획 수립

사업의 수행 및 미래의 경영 활동 등에 소요되는 자금을 정확히 예측해 자금의 부족 상태가 발생하지 않도록 사전에 대비하는 활동이다.

우선 사업 초기에 필요한 자금 내역은 개발자금, 창업준비자금, 고정자산, 운전자금 등이 있다. 각각의 항목을 체크해 그 규모를 추정해보자.

구분	내용
개발자금	아이디어의 구상 및 제품의 개발에 필요한 자금
창업준비자금	창업 준비단계에서부터 실제 개업에 이르기까지 소요되는 자금
고정자산	토지, 건물, 기계장치 등 비유동자산을 구입(임차)하는 데 드는 자금
운전자금	1회전 기간※ 동안 사업 운영에 필요한 자금 – 원재료비, 인건비, 외주가공비, 제반 경비 (제품 원가에 해당되는 비용 × 1회전 기간의 제품 투입량) ※ 1회전 기간: 원재료 구입단계에서부터 제품을 제조, 판매한 후 최종적으로 현금화가 이뤄지는 기간

다음은 사업에 필요한 자금을 최소화하는 방안을 연구할 차례다. 자금을 최소화할 수 있는 항목들을 차례대로 살펴본 뒤 자금을 절약할 요인이 있는지 확인해보도록 하자.

구분	최소화 방안 검토
사업장	자가 공장을 갖게 될 경우 당장의 소요자금은 느는 데 반해 유지비용은 줄어드는 장점이 있으므로 향후 사업추이 등을 고려해 임차 여부 판단
임차료	임차료, 부대비용(인테리어, 물류비용) 등을 고려

구분	최소화 방안 검토
종업원의 채용	창업자 자신의 역할, 가족의 역할, 업무에 따른 임시직원, 시간제 고용 등 인력의 소수 정예화 및 인건비 절감 방안 모색
연구개발	공급자를 통한 협력, 비공식적 또는 개인적으로 연구소 등의 협력 유도, 산학협력 체결, 가능한 인맥의 동원을 통한 협력자 활용
설비·비품	중고장비, 경매물건의 구입, 개인소유, 재활용품의 활용 등
매출활동	외상매출 기간 및 이자율 등을 고려해 할인 등을 통한 현금 위주의 거래 유도
매입활동	가격과 결제 기간을 고려해 외상매입 및 현금매입을 결정
생산활동	최소의 자가 생산설비를 운용하고 기타 생산은 아웃소싱을 활용
재고관리	필요한 수량만 구매해 최적 최소 재고를 유지 (보관, 감모, 품질 보존 등으로 인한 비용 발생 억제)

이제 자금을 조달하는 방법을 알아볼 차례다. 사업 자금은 사업환경의 변화에 따라 크게 달라질 수 있다. 그래서 자금 조달 계획은 실제 소요자금의 1.5배 내지 2배 정도로 수립해야 한다. 반면에 사업규모는 자금 조달 능력의 3분의 2 내지 2분의 1 정도로 하는 것이 안전하다. 성공적인 자금 조달을 위해서는 투자자, 금융기관 및 제3자 등에게 추진 사업에 대해 관심을 유도하고, 투자 의욕을 불러일으킬 수 있는 객관적이고 체계적인 사업계획서가 필수적이다. 사업계획서에 관해선 뒷 부분에서 다루기로 하고, 다음의 유형에 따른 자금 조달 방법에 대해 더 살펴보자.

구분	금융권 대출	자본증자
조달 방법	금융기관 등으로부터 대출	창업자 및 초기 주주 추가 출자 개인, 법인, 벤처캐피탈 등으로부터의 투자 유치
담보 형태	신용, 유·무형 담보 제공	해당 없음
자금 상환	원금 상환	투자금액에 대한 상환의무 없음
이자 지급	정기적으로 이자를 지급	이익 발생 시 배당금 지급 가능

1인 창조기업이란?

창의성과 전문성을 갖춘 1인이 상시 근로자 없이 지식서비스업, 제조업 등을 영위하는 자(1인 창조기업 육성에 관한 법률 제2호)를 말한다. 다음의 기준에 해당할 경우 1인 창조기업이 될 수 있다.

가. 근거법규

1인 창조기업 육성에 관한 법률
1인 창조기업 육성에 관한 법률 시행령

나. 1인 창조기업 업종

1인 창조기업이라 함은 지식서비스업 및 제조업(전통식품 제조, 공예품 등) 분야에서 창의적인 아이디어, 전문 기술·지식, 지식재산권을 사업화하는 개인과 개인사업자 또는 법인으로서 대표자를 포함한 종사자가 1명인 기업을 말한다. 공동창업자, 공동대표를 포함한 공동사업자는 4명까지 가능하며, 프리랜서는 잠재적 기업으로 규정하고 있다.

- S/W, 인터넷서비스, 컨설팅, 디자인, 전시 등 제조 관련 서비스업
- 영화·예술·관광·저술·시나리오 등 문화 관련 서비스업
- 건축기술, 엔지니어링, 연구개발업 등 전문과학 및 기술서비스업
- 제조업(전통식품, 공예품, 컴퓨터 및 전자부품 등 일부 업종)

다. 1인 창조기업 주요 사이트

- 중소기업청 중소서비스기업과(T. 042-481-4553)
- 아이디어 비즈 뱅크 홈페이지(www.ideabiz.or.kr)
- 창업넷(www.changupnet.go.kr)

02

기술창업과 벤처창업

기술창업이란?

기술창업은 혁신기술 및 기업가정신을 바탕으로 기존에 없는 새로운 시장을 창조하는 기술집약형 창업으로서 일반적으로 다음과 같은 특징을 갖고 있다.

- 혁신기술을 창출
- 벤처·기술혁신·혁신선도·기술집약형
- 신기술 또는 개발아이디어를 독립적 기반 위에서 영위
- 연구개발**R&D**의 집중도가 높음
- 기술적 우월성이 성공의 주요 요인
- 제품의 독창성, 사업의 독립성·사회성·국제성 등을 지님

- 신규 산업의 창출이 가능
- 기술의 우수성, 전문성, 노하우를 기반으로 성공 가능성이 높음

기술창업은 주로 다음의 네 가지 형태로 보통 이뤄진다.

- 창업보육센터에 입주해 창업
- 기술을 이전 받아 외부에 스핀오프Spin-Off(분사)
- 대학 또는 연구소의 실험실 창업
- 기술지주회사를 통한 창업

이러한 기술창업을 통해 벤처기업, 이노비즈, 메인비즈 등 다양한 형태의 회사로 발전하게 되는데, 이에 대해선 이후 자세히 설명하겠다.

기술창업 기본 절차도

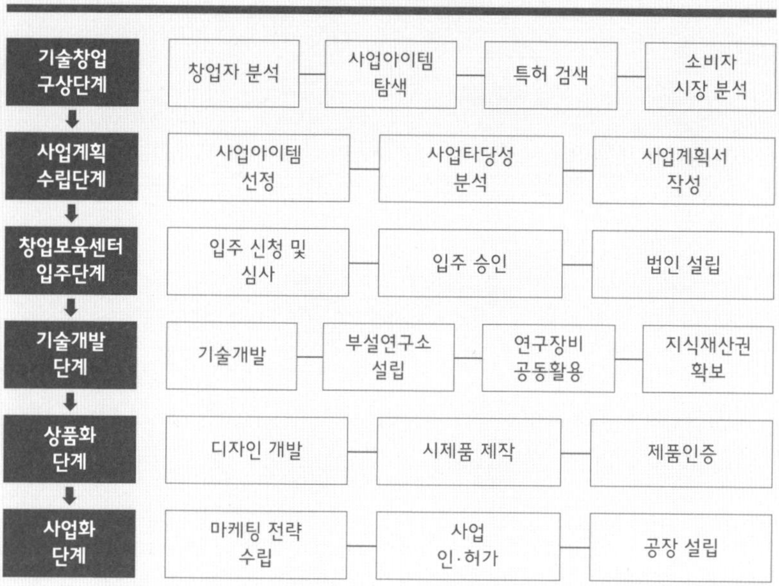

기술창업 역시 철저한 사전 준비가 성공을 가르는 주요한 요소다. 좋은 기술을 갖고 있고도 창업에 실패하거나 창업을 준비하는 기간이 길어져 감당하기 어려울 정도의 창업 비용이 드는 경우가 많다. 이 가운데 상당수가 창업 준비를 체계적으로 준비하지 않거나 사업에 대한 제대로 된 검증 절차 없이 창업에 나서다가 곤란을 겪는다.

앞의 기술창업 기본 절차도를 따라 사업계획을 준비한다면 실패의 확률을 낮출 수 있을 것이다.

지적재산권 관리

기술창업은 말 그대로 '기술'이 중심이 된 창업. 자신만이 보유한 기술을 잘 지키는 게 무엇보다 중요하다. 이를 위해 가장 중요한 게 '지적재산권'의 관리다. 지적재산권은 문학, 학술 또는 예술적 저작물 등에 대한 권리인 저작권과 산업 혹은 영업적 재산권을 뜻하는 산업재산권 등으로 나눠지는데, 여기선 산업재산권에 대해 좀 더 알아보도록 한다.

① 산업재산권 확보의 필요성

개발기술의 배타적 권리 보호를 위해서는 산업재산권 확보(등록)가 필수적이다. 좀 더 구체적으로 살펴보면 기술보호, 시장지배, 수익창출, 특허분쟁 대비 등 네 가지 목적을 위해 산업재산권의 확보가 필요하다.

② 산업재산권의 유형

산업재산권은 구체적으로 특허권, 실용신안권, 디자인권, 상표권으로 구성된다.

지적창조물에 관한 권리							영업표시에 관한 권리	
영업 비밀	식물 신품종	회로 배치권	저작권	특허권	실용 신안권	디자인권	상표권	상호권

□ 산업재산권

③ 특허정보 검색의 필요성

기술창업을 하는 창업자는 자신의 발명, 디자인, 상표 등이 참신하고 획기적이며, 충분히 특허를 받을 만하다고 여기는 경우가 많다. 그러나 안타깝게도 특허·출원의 경우 30~40%는 특허 결정이 거절된다. 그 가운데 90% 이상의 거절 이유가 '선행기술이 존재한다'는 것이다. 자신의 창업 아이디어를 공들여 제품화하고, 특허·출원까지 신청했다가 이미 존재하는 기술로 판명날 경우 그때까지 들어간 시간과 비용은 되돌릴 수 없다. 창업 아이디어를 발굴함에 있어서도, 더 나아가 연구개발의 방향을 설정하고 연구 시간 및 비용을 절감하기 위해서라도 '특허 검색하는 법'을 익히는 일이 필수적이다.

특허청은 한국특허정보원을 통해 무료 특허 검색 사이트 '특허정보넷 키프리스KIPRIS'(www.kipris.or.kr)를 운영하고 있다. 홈페이지에 접속해 자신의 아이디어를 검색해보자.

벤처창업이란?

벤처기업이란 중소기업기본법 제2조에 따른 중소기업으로서 벤처기업 육성에 관한 특별조치법에 따른 벤처투자기업, 연구개발기업, 기술평가보증·대출기업 중 하나에 해당하는 기업을 말한다.

벤처기업의 정의는 학술적으로 명확히 정리된 개념이 없다. 국가에 따라 정책 대상으로 다양하게 사용되고 있다. 다만 미국에선 다른 기업보다 상대적

벤처기업 인증 과정

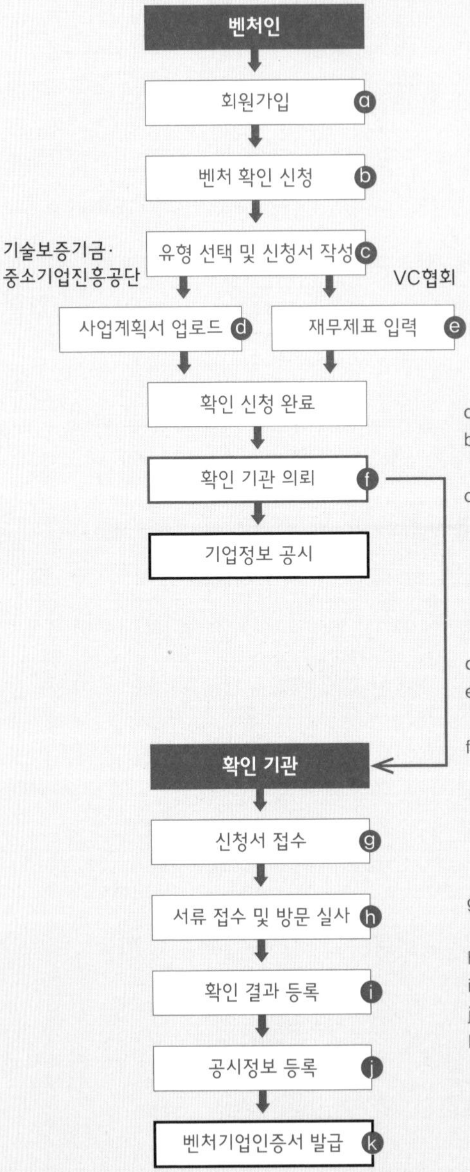

a. 확인 신청을 위해서는 벤처인 회원으로 가입
b. 회원가입 완료 후 [벤처 확인 신청] 메뉴에서 신청서 작성
c. 다음 사항들을 선택한 후 절차에 맞게 빠짐없이 작성
  1. 벤처투자기업
  2. 연구개발기업
  3. 기술평가보증기업·기술평가대출기업
  4. 예비벤처기업
d. 별도 양식의 사업계획서를 작성하여 업로드
e. 벤처캐피탈협회를 통하여 확인을 받는 경우 재무상태표 및 손익계산서를 입력
f. 벤처 확인 신청서가 온라인을 통하여 확인 기관 담당자에게 전달됨

g. 신청서 접수 후 회사로 준비 서류 및 방문 실사 일정 안내
h. 확인 기관에 따라 서류 접수 및 방문 실사 실시
i. 평가가 완료되면 확인 결과를 벤처인에 등록
j. 확인 결과 적격으로 판정되면 기업정보를 공시
k. 적격으로 판정된 업체가 기업정보를 공시하면 벤처기업인증서 발급

으로 사업의 위험성은 높으나 성공하면 높은 수익이 보장되는 기업으로 일반적으로 벤처캐피탈Venture Capital로부터 투자를 받은 기업을 주로 지칭한다.

우리나라에서는 다른 기업에 비해 기술성이나 성장성이 상대적으로 높아, 정부에서 지원할 필요가 있다고 인정하는 기업으로서 '벤처기업 육성에 관한 특별조치법'이 요구하는 기준 세 가지 가운데 한 가지를 만족하는 기업을 의미한다. 즉 우리나라에서 벤처기업은 이미 성공한 기업을 대상으로 한다기보단 정부가 세계적인 일류 기업으로 육성하기 위한 지원 대상으로서의 기업 성격이 강하다고 볼 수 있겠다.

벤처기업확인제도는 1998년 시행 이후 몇 번의 개정을 거쳐오다가 2006년 6월 4일 전면적인 제도개편을 단행했고, 벤처확인 공시시스템인 '벤처인(www.venturein.or.kr)'을 구축해 운영하고 있다.

① 벤처기업이 되기 위한 5가지 유형

벤처인증을 위해선 아래의 5가지 유형 중 1개 이상의 요건을 충족하면 된다. 보다 자세한 내용은 벤처인의 [벤처확인요건]을 참고하면 된다.

유형	기준 요건	확인 기관
① 벤처투자기업	① 벤처투자기관으로부터 투자받은 금액이 자본금의 10% 이상일 것 ② 투자금액이 5,000만 원 이상일 것	한국벤처캐피탈협회

유형	기준 요건	확인 기관
② 연구개발기업	① 기초연구진흥 및 기술개발지원에 관한 법률 제14조 제1항 2호에 의한 기업부설연구소 보유 (한국산업기술진흥협회에서 인증한 기업부설연구소 인증서 보유) ② 벤처확인요청일이 속하는 분기의 직전 4분기 연간 연구개발비가 일정 금액(5,000만 원) 이상이고 연구개발비율이 일정 기준 이상일 것 ③ 연구개발기업 사업성평가기관으로부터 사업성이 우수한 것으로 평가(사업성평가표 65점 이상인 경우)	기술보증기금 중소기업진흥공단
③ 기술평가보증기업 (보증 승인만으로 벤처 인증 가능)	① 기술보증기금(기보)으로부터 기술성이 우수한 것으로 평가 ② 기술보증기금의 보증(보증가능금액 포함) 또는 중소기업진흥공단의 대출(보증가능금액 포함, 직접 취급한 신용대출에 한함)을 순수신용으로 받을 것 ③ 상기 2번째의 보증 또는 대출금액의 각각 또는 합산 금액이 8,000만 원 이상이고, 당해 기업의 총자산에 대한 보증 또는 대출금액 비율이 5% 이상일 것	기술보증기금
④ 기술평가대출기업 (대출 승인만으로 벤처 확인 가능)	① 중소기업진흥공단으로부터 기술성이 우수한 것으로 평가 ② 중소기업진흥공단의 대출(대출가능금액 포함, 직접 취급한 신용대출에 한함) 또는 기보의 보증(보증가능금액 포함)을 순수신용으로 받을 것 ③ 상기 2번째의 보증 또는 대출금액의 각각 또는 합산 금액이 8,000만 원 이상이고, 당해 기업의 총자산에 대한 보증 또는 대출금액 비율이 5% 이상일 것	중소기업진흥공단
⑤ 예비벤처기업	① 법인설립 또는 사업자 등록을 준비 중인 자 ② 해당자의 기술 및 사업계획이 기술보증기금, 중소기업진흥공단으로부터 기술성이 우수한 것으로 평가	기술보증기금 중소기업진흥공단

② 벤처기업의 각종 우대 제도

벤처회사로 인증을 받게 되면 각종 세제, 금융, 공장 입지, 마케팅 등에서 우대를 받게 된다. 이에 대한 세부 내용은 다음과 같다.

구분		주요 지원 내용	근거 법률
창업	교수·연구원	교수·연구원(교육공무원 등)이 벤처기업을 창업하거나 근무하기 위해 휴직 가능(3년 이내) 교수·연구원(교육공무원 등)이 벤처기업의 대표 또는 임직원 겸임·겸직 가능	벤처기업 육성에 관한 특별 조치법 제16조, 16조2
	산업 재산권 출자	벤처기업에 대한 현물출자 대상에 특허권, 실용신안권, 디자인권 등의 권리 포함	벤처기업 육성에 관한 특별 조치법 제6조
세제	지원대상	창업 후 3년 이내에 벤처 확인 받은 기업에 한함 (이하 '창업벤처중소기업'이라 함) 창업중소기업 및 창업벤처중소기업 범위에 해당되는 업종	조세특례제한법 제6조 1항, 2항
	법인세, 소득세 50% 감면	창업벤처중소기업이 벤처 확인 받은 이후 최초로 소득이 발생한 과세연도와 그 다음 과세연도부터 4년간 50% 세액 감면(2018.12.31까지 벤처 확인 받은 기업에 한함) 수도권과밀억제권역 이외의 지역에서 창업한 중소기업으로 중복 세액감면 적용은 불가 감면기간 중 벤처 확인이 취소된 경우 취소일이 속하는 과세연도부터 감면을 적용하지 않음	조세특례제한법 제6조 1항, 2항
	취득세 75% 감면	창업벤처중소기업이 창업일로부터 4년 이내에 취득하는 사업용 재산에 대한 취득세 75% 감면	지방세특례제한법 제58조3 1항
	재산세 50% 감면	창업벤처중소기업이 당해 사업에 직접 사용하는 사업용 재산에 대해 창업일로부터 5년간 재산세 50% 감면	지방세특례제한법 제58조3 2항
금융	코스닥 상장	자본금 및 자기자본기준 이익률 기준 하향 적용, 설립 후 경과년수 및 부채비율 적용면제 등	코스닥 시장 상장 규정(한국거래소)
	정책자금	중소기업정책자금 한도 우대	중소기업진흥공단 규정 (기업금융처)
	신용보증	신용보증 심사 시 우대(보증한도 확대, 보증료율 0.2% 감면 등) 기술력 및 신용도 우수 기업에 대한 연대보증 기준 완화	기술보증기금 기술보증 규정

구분		주요 지원 내용	근거 법률
입지	실험실 공장	교수·연구원의 실험실 공장 설치 허용	벤처기업 육성에 관한 특별 조치법 제18조 2
	창업보육 센터입주 기업에 대한 도시형 공장 등록 특례	창업보육센터 입주 벤처기업의 경우 도시형 공장을 설치할 수 있는 특례 인정	벤처기업 육성에 관한 특별 조치법 제18조 3
	벤처기업 전용단지의 건축 금지에 대한 특례	건축제한 규정에도 불구하고 벤처기업 전용단지 내에서는 건축물을 건축할 수 있는 특례 인정	벤처기업육성에 관한 특별 조치법 제21조
	집적시설 입주벤처 기업특례	과밀억제권역 내에서의 취득세, 재산세 중과세율 적용 면제	지방세특례제한법 제58조
특허	우선심사	벤처기업이 특허 및 실용신안 등록 출원 시 우선심사 대상	특허법시행령 제9조 실용신안법 시행령 제15조
마케팅	방송광고	벤처기업에 대해 TV, 라디오 광고 지원 (광고비 70% 감면)	한국방송광고진흥 공사 내부 지침
기타	유한회사	벤처기업인 유한회사의 경우 사원 총수를 300인까지 가능(일반기업은 50인 이하)	벤처기업 육성에 관한 특별 조치법 제16조5
	주식교환	벤처기업의 경우 주식교환 가능 (전략적 제휴 및 신주발행을 통한 주식교환)	벤처기업 육성에 관한 특별 조치법 제15조

이노비즈 기업이란?

'이노비즈'란 혁신Inovation과 기업Bussiness의 합성어로 기술 우위를 바탕으로 경쟁력을 확보한 기술혁신형 중소기업을 의미한다. 정부는 기술경쟁력과 미래성장가능성을 갖춘 이노비즈 기업에 기술, 자금, 판로 등을 연계 지원함으로서 경쟁력 있는 우수기업을 육성하고 있다.

① 신청 자격 및 신청 절차

이노비즈 기업이 되기 위한 자격 및 절차는 다음과 같다. 보다 자세한 내용은 이노비즈넷(www.innobiz.net)를 참고하자.

구분	내용
신청 자격	• 중소기업기본법상의 중소기업으로서 신청일 현재 설립 후 3년 이상이며, 정상 가동 중인 기업 • 대상 분야 : 전 업종(* 신청 제외 기업: 신용정보 규제 및 파산, 회생절차 신청기업)
신청 절차	• 자가진단 650점 이상인 업체를 대상으로, 기술보증기금에서 현장실사 후 선정
선정 기준	• 기술혁신시스템 점수 700점 이상 • 기술보증기금의 기술평가등급 B등급 이상

② 우대지원제도

이노비즈 기업으로 선정되면 다음과 같은 지원을 받을 수 있다.

구분	세부 내용	금융기관명
조달 방법	이노비즈 선정 평가와 동시에 신청 가능 기술평가보증으로 100% 전액 보증 지원 보증지원 한도: 50억 원 협약은행: 산업, 기업, 우리, 하나, 농협, 외환, 국민, 신한, 제일, 씨티, 대구, 부산, 경남, 전북은행	기술보증기금
담보 형태	보증지원 최고한도를 50억 원까지 확대 기술평가보증취급 시 1억 원까지 소요자금 생략 창업 후 5년 이내 기업은 85% 고정부분보증비율 적용보증료율 0.2% 감면 평가 우수기업은 'kiboa+members'로 선정하여 각종 우대 및 연계 지원 병행	기술보증기금
정책 자금 및 지원 사업	중소기업정책자금 신청 시 우대 중소기업 지원사업 참여 시 가점 부여 등 우대 기술혁신 소그룹 지원사업 선도형 기술혁신 전략과제 지원사업, 기술혁신 개발사업 기업 협동형 기술개발사업, 산학협력실 지원사업 생산 정보화·공정혁신 지원사업 쿠폰제 경영컨설팅 지원사업, 해외 유명규격인증 획득 지원 산학연협력 기업부설연구소 설치 지원사업 기술개발제품 우선구매제도의 우선구매 대상으로 선정	중소기업청

구분	세부 내용	금융기관명
공공기관 지원사업	조달청 물품구매 적격심사(신인도 평가부문) 우대 병무청 병역지정업체 심사 우대 특허청에 특허출원 시 우선 심사 한국방송광고공사 TV, 라디오 광고비 70% 할인	각 기관

메인비즈 기업이란?

기존의 벤처기업, 이노비즈 기업과 같은 높은 기술력을 보유하지 않아도 마케팅·조직관리·생산성 향상 등 경영혁신을 통해 탁월한 경영성과를 나타내는 기업을 '메인비즈 기업'이라 한다. 경영혁신형 중소기업이라고도 말한다.

① 신청 자격 및 신청 절차

메인비즈 기업이 되기 위해서는 신청일 현재 설립 후 3년 이상이며 정상 가동 중인 중소기업으로, 메인비즈 홈페이지에서 자가진단 결과 경영혁신시스템 자가진단 점수가 600점 이상이어야 한다. 더 자세한 내용은 메인비즈 사이트(www.mainbiz.go.kr)를 참조하면 된다.

신청 및 온라인 자가진단	신청기업	신청기업 스스로 온라인 자가진단 (www.mainbiz.go.kr)
현장평가 대상업체 배정	중소기업기술 정보진흥원	자가진단점수 600점 이상인 기업을 현장평가 대상으로 선정
현장 평가 및 회보	기술보증보험	경영혁신형 평가지표에 의해 현장평가 실시 평가결과 700점 이상인 기업을 선정
경영혁신형 중소기업 인증	중소기업청	선정업체 통보 및 인증서 교부

② 우대지원제도

메인비즈 기업으로 선정되면 공정혁신 지원, 생산정보화, 쿠폰제경영컨설팅 등 중소기업청 지원시책을 우선적으로 지원받을 수 있다. 이와 함께 기술보증기금의 보증지원 시 보증료율 우대(0.1% 감면) 및 5개 금융기관 협약을 통한 금융지원도 받을 수 있다.

03
창업기업의 각종 지원제도

최근 우리나라는 '창업의 천국'이라 불릴 만큼 창업자들에 대한 각종 지원제도를 많이 구비해놓고 있다. 정부의 각종 지원제도를 잘 활용하면 창업 초반에 부딪히는 여러 경제적·경제외적 문제를 해결하는 데 많은 도움이 될 것이다. 다만 이 같은 지원에만 기대는 건 성공 창업을 위해 결코 바람직한 일은 아니다. 스스로가 유능한 창업자이어야 하며, 좋은 아이템과 지속 가능한 시장, 사업수행에 필요한 자금 등이 갖춰졌을 때 정부의 지원 효과도 더욱 커질 수 있다.

창업사업계획 승인제도

창업사업계획 승인제도는 창업자가 공장을 설립할 때 35개 법률에 의한 71개 인·허가 사항을 20일 이내에 일괄협의(의제)처리하는 제도로 주요 내용은 다음과 같다.

① 지원 대상

- 중소기업을 창업하는 자
- 중소기업을 창업해 사업을 개시한 날부터 7년이 지나지 아니한 자로서 공장을 설치하고자 하는 자

② 지원 내용

- 중소기업창업지원법 제33조에 따라 창업사업계획을 승인 받은 경우 35개 법률에 따른 71개 인·허가 사항을 일괄 허가, 승인, 검사 등을 받은 것으로 의제 처리
- 개발부담금, 농지보전부담금, 대체산림자원조성비, 대체초지조성비 면제(개발부담금은 창업일로부터 7년간, 그 외는 5년간 면제)

③ 신청 시 구비서류

- 사업계획승인신청서
- 사업계획서
- 부동산 권리자의 사용동의서
- '창업사업계획 승인에 관한 통합 업무처리 지침'에서 정하는 서류

④ 처리절차

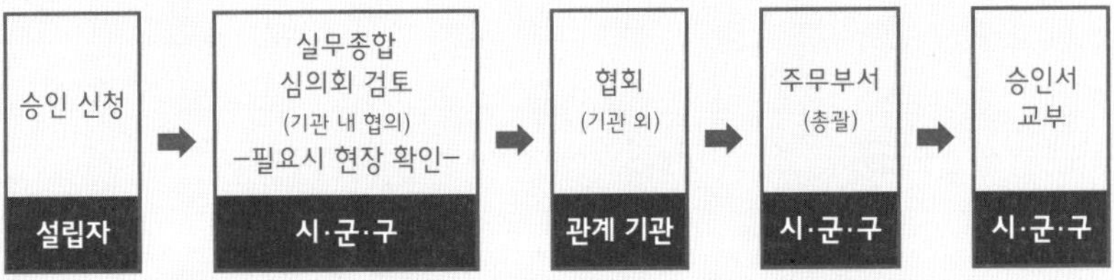

창업기업 조세 감면제도

조세특례제한법에서는 창업 기업에 대해 각종 세금을 감면해주고 있는데 그 내용은 다음과 같다.

① 대상

- (소득세, 법인세) 2018년 12월 31일 이전에 수도권과밀억제권역 외 지역에서 창업한 중소기업
- (취득세, 등록세, 면허세) 2016년 12월 31일까지 수도권과밀억제권역 외의 지역에서 창업한 중소기업

② 해당 업종

- 광업, 제조업, 건설업, 음식점업 등 28개 업종에 해당하는 기업

구분	감면 내용	근거
법인세 (소득세)	창업중소기업과 창업벤처기업에 대해 창업 후 소득 발생 연도부터 5년간 매년 납부할 법인세(소득세)의 50% 감면 창업 후 3년 이내 벤처확인기업에 대해 소득세 발생연도부터 4년간 매년 50% 감면	조세특례제한법 제6조 ①항
취득세	창업중소기업 및 창업벤처기업이 사업을 영위하기 위하여 창업일로부터 4년 내에 취득하는 사업용 재산에 대한 취득세 75% 감면	지방세특례제한법 제58조의3 ①항
재산세	창업중소기업 및 창업벤처기업이 소유한 사업용 재산에 대해 창업일부터 5년간 재산세 50% 감면	지방세특례제한법 제58조의3 ②항
등록면허세	창업중소기업의 법인설립 등기 등록면허세 면제 (창업일부터 4년 이내에 자본 또는 출자액을 증가하는 경우를 포함)	지방세특례제한법 제58조의3 ③항
인지세	중소기업이 창업 후 2년 이내 금융기관 융자 관련 문서에 대해 인지세 면제	조세특례제한법 제116조 ①항19호 ②항3호

조세특례제한법상 창업에 해당하는 28개 업종

조세특례제한법상 창업은 중소기업창업지원법상 창업과 다르게 적용된다. 조세특례제한법상의 창업이 반드시 중소기업창업지원법상 창업 승인을 받을 것을 요구하지는 않으나 업종의 적용에 있어선 다음과 같이 규정하고 있다.

① 광업
② 제조업
③ 건설업
④ 음식점업
⑤ 출판업
⑥ 영상·오디오 기록물 제작 및 배급업(비디오물 감상실 운영업은 제외)
⑦ 방송업
⑧ 전기통신업
⑨ 컴퓨터 프로그래밍, 시스템통합 및 관리업
⑩ 정보서비스업(뉴스 제공업은 제외)
⑪ 연구개발업
⑫ 광고업
⑬ 그 밖의 과학기술서비스업
⑭ 전문디자인업
⑮ 전시 및 행사대행업
⑯ 창작 및 예술 관련 서비스업(자영 예술가는 제외)
⑰ 엔지니어링사업
⑱ 물류산업
⑲ 직업기술 분야를 교습하는 학원을 운영하는 사업
⑳ 관광숙박업, 국제회의업, 유원시설업 및 관광객 이용시설업
㉑ 노인복지시설을 운영하는 사업
㉒ 전시산업
㉓ 인력공급 및 고용알선업(농업노동자 공급업을 포함)

㉔ 건물 및 산업설비 청소업
㉕ 경비 및 경호 서비스업
㉖ 시장조사 및 여론조사업
㉗ 사회복지서비스업
㉘ 보안시스템 서비스업
* 유흥주점 등 소비성 서비스업종을 영위한다면 조세특례제한법상 창업에 해당되지 않아 법인세, 소득세 등 세제감면의 혜택을 받을 수 없다.

제조업 창업 중소기업 부담금 면제

통계법 제22조 제1항에 따라 통계청장이 작성·고시하는 한국표준산업분류상의 제조업을 영위하기 위해 중소기업을 창업하는 자에겐 사업을 개시한 날부터 3년 동안 다음에 해당하는 부담금을 면제한다.

현황		부과·징수기관
지방자치단체 공공시설 수익자분담금	지방자치단체 재산 또는 공공시설의 설치로 주민의 일부가 특히 이익을 받는 경우 이익의 범위 안에서 수익자에게 분담금 부과	특별·광역시, 시·군
농지보전 부담금	농지를 농작물 경작이나 다년생 식물 재배 외의 용도로 전용시 농지보전부담금을 부과	농림수산식품부, 광역시·도, 시·군·구
대체초지 조성비	공장용지 등의 목적으로 초지를 전용하는 경우 대체 초지 조성을 위한 부담금을 부과	시·군·구
전력산업 기반부담금	전기사용자(개인 및 사업자)에게 전기요금의 1,000분의 37에 해당하는 금액을 부담금으로 부과	한국전력공사
대기배출 기본부과금	대기 오염물질을 배출하는 사업자가 배출 허용기준 이하로 배출하는 오염물질의 배출량 및 배출농도 등에 따라 부과금을 부과	시·군·구 환경 관련 부서

	현황	부과·징수기관
수질배출 부과금	배출허용기준 이하이나 폐수종말처리시설 방류수질 기준을 초과하는 사업장에 연 2회 반기별로 부과(폐수배출량 50㎥/일 미만 사업장 및 폐수종말처리시설 공공하수 처리시설에 폐수를 유입하는 사업장은 면제)	시·도, 시·군·구 수질 관련 부서
폐기물부담금	제조 또는 수입하는 살충제 및 유독물 제품의 용기, 부동액, 껌, 1회용 기저귀, 담배, 플라스틱 제품에 대해 각 요율에 따라 폐기물부담금 부과	한국환경공단
물이용부담금	4대강(한강, 금강, 낙동강, 영산강) 수계 상수원의 적정한 수질관리 및 주민지원 사업을 효율적으로 추진하기 위해 수계 내 용수를 공급받는 최종 수요자에게 물이용 부담금 부과	상수도사업소 한국수자원공사
대체산림자원 조성비	산지전용허가를 받으려는 자는 대체 산림 자원 조성을 위한 부담금을 부과	시·군·구

제조업의 정의

제조업이라 함은 물질 또는 구성요소에 물리적 및 화학적 작용을 가해 새로운 제품으로 전환시키는 활동을 말한다. 단순히 상품을 선별, 정리, 포장, 분할, 재포장 등을 해 그 상품의 본질적인 성질을 변화시키지 않는 활동은 제조활동으로 보지 않는다. 다만 자기가 특정 제품을 직접 제조하지 않고, 다른 제조업체에 의뢰해 제품을 만든 경우라도 다음의 4가지 요건을 모두 충족한다면 제조업으로 분류한다(소득세법 시행령 제31조).

① 생산할 제품을 직접 기획(고안 및 디자인, 견본 제작)
② 자기 계정으로 구입한 원재료를 계약 제조업체에 제공
③ 해당 제품을 자기 명의로 제조
④ 이를 인수해 자기 책임하에 직접 시장에 판매

제조업의 범위는 통계법 제22조에 따라 통계청장이 고시하는 표준산업분류에 따른 제조업(C10~C33)을 말한다(통계법 시행령 제2조 제1항).

중소기업 지원기관 및 활용시스템

다음은 창업지원과 관련한 공공기관, 협회 및 단체, 온라인 시스템별 지원기관 현황이다.

(1) 공공기관

기관명	홈페이지	연락처
한국산업단지공단(공장설립 등)	www.kicox.or.kr	070-8895-7000
중소기업진흥공단(정책자금 등)	www.sbc.or.kr	1357
소상공인시장진흥공단(소상공인 지원)	www.semas.or.kr	1588-5302
신용보증기금(보증 지원)	www.kodit.co.kr	1588-6565
기술보증기금(보증 지원)	www.kibo.or.kr	1544-1120
신용보증재단중앙회(보증 지원)	www.koreg.or.kr	1588-7365
중소기업기술정보진흥원 (R&D 및 정보화 지원)	www.tipa.or.kr	042-388-0100
한국산업기술평가관리원(R&D 지원)	www.keit.re.kr	1544-6633
창업진흥원(창업 지원)	www.kised.or.kr	042-480-4300
한국벤처투자(주)(벤처투자 지원)	www.k-vic.co.kr	02-2156-2000
대·중소기업협력재단(동반성장 지원)	www.win-win.or.kr	02-368-8799
한국무역보험공사(수출보증 지원)	www.ksure.or.kr	1588-3884
대한무역투자진흥공사(수출 지원)	www.kotra.or.kr	1600-7119
중소기업유통센터(판로 지원)	www.sbdc.co.kr	02-6689-9000
한국산업인력공단(인력 지원)	www.hrdkorea.or.kr	1644-8000
신용회복위원회(재도전 지원)	www.ccrs.or.kr	1600-5500
한국자산관리공사(재도전 지원)	www.kamco.or.kr	1588-3570
대한법률구조공단(법률 지원)	www.klac.or.kr	132

(2) 협회 및 단체

기관명	홈페이지	연락처
중소기업중앙회	www.kbiz.or.kr	02-2124-3114
대한상공회의소	www.korcham.net	02-6050-3114
한국무역협회	www.kita.net	1566-5114
벤처기업협회	www.venture.or.kr	02-890-0600
중소기업기술혁신협회	www.innobiz.or.kr	031-628-9600
한국경영혁신중소기업협회	www.mainbiz.co.kr	02-2230-2143
한국경영기술지도자회	www.kmtca.or.kr	02-569-8121
중소기업융합중앙회	www.koshba.or.kr	042-867-5506
한국여성경제인협회	www.womanbiz.or.kr	02-369-0900
한국여성벤처협회	www.kovwa.or.kr	02-2156-2160
한국산업기술진흥협회	www.koita.or.kr	02-3460-9114
한국벤처캐피탈협회	www.kvca.or.kr	02-2156-2100
한국엔젤투자협회	home.kban.or.kr	02-2156-2153
한국창업경영컨설팅협회	www.kmcca.net	042-256-1072
한국창업보육협회	www.kobia.or.kr	042-346-9600
한국장애경제인협회	www.kdea.or.kr	02-6332-6711

(3) 온라인 지원 시스템

기관명	홈페이지
기업마당	www.bizinfo.go.kr
기업지원플러스(G4B)	www.g4b.go.kr
K-startup 사이트(창업지원정보 포털)	www.k-startup.go.kr
중소기업수출지원센터	www.exportcenter.go.kr
KIAT사업관리시스템	www.pms.re.kr

기관명	홈페이지
중소기업 해외전시포털	www.sme-expo.go.kr
수출인큐베이터	www.sbc-kbdc.com
FTA무역종합지원센터	okfta.kita.net
Yes! FTA(관세청 FTA포털)	www.customs.go.kr
중소기업 정보화관리시스템	it.smba.go.kr
공공구매 종합정보망	www.smpp.go.kr
중소기업 공공구매론	www.smpploan.com
마케팅지원종합시스템	www.imstars.or.kr
중소기업기술개발 관리시스템	www.smtech.go.kr
산업기술지원시스템	itech.keit.re.kr
기술보호통합포털	www.ultari.go.kr
이노비즈넷	www.innobiz.net
중소기업인력지원시스템	sanhakin.smba.go.kr
워크넷(고용부)	www.work.go.kr
소상공인마당	www.sbiz.or.kr
중소기업 재도전종합지원센터	www.rechallenge.or.kr
중소기업 컨설팅지원시스템	www.smbacon.go.kr
소상공인 지식배움터	edu.semas.or.kr
노란우산공제	www.8899.or.kr
상권정보시스템	sg.sbiz.or.kr
벤처기업 채용사이트	www.v-job.or.kr
벤처기업확인·공시시스템	www.venturein.or.kr

04

사업계획서 작성

사업계획서Business plan란 새로운 프로젝트나 구상 중인 사업과 관련해 투자, 개발, 생산, 판매, 자금 등에 초점을 맞춰 본인의 계획을 체계적으로 요약·정리한 보고서다. 사업계획서의 전체적인 방향성과 통상적으로 담아야 하는 내용은 다음과 같다.

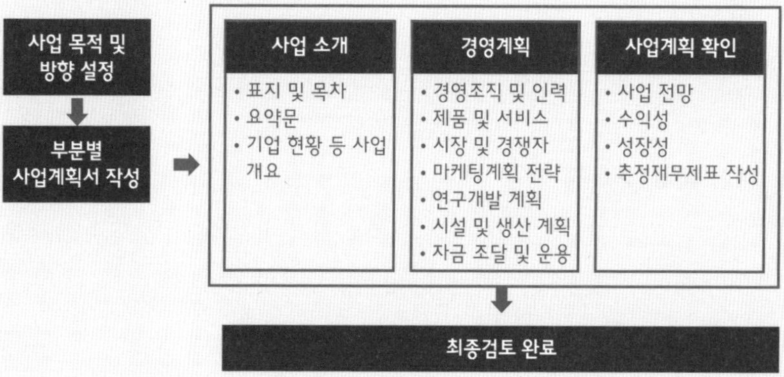

사업계획서의 활용

내부지침용	• 사업 목표 설정, 관련 부서별 세부 추진계획 수립, 주기적 실적 분석과 개선, 향후 대책 등 기업의 1년 단위 혹은 중장기 사업 전략에 따라 사업 추진계획 목적용
외부발표용	• 자금 조달(거래은행, 벤처캐피탈, 엔젤 등) • 기술개발 및 정책자금 등 정부 지원사업 자료 • 벤처기업 인증, 이노비즈 인증, 기타 외부기관 인증, 기타 회사 홍보자료

사업계획서의 필요성

그럼 사업계획서가 왜 필요할까.

우선 대강의 사업타당성 분석을 통해 가늠해본 자기 사업의 성공 가능성을 다시 한 번 다양한 각도에서, 보다 체계적으로 점검해볼 수 있다. 현재의 상황을 명확히 분석함으로써 사업의 장애 요인을 제거해나갈 수도 있고, 신규 사업의 효율성을 높일 수도 있다. 아울러 미리 계획서를 작성해놓음으로써 실제 사업을 타임라인에 맞게 추진해나가고, 이를 통해 불필요한 지연에 따른 비용도 절감할 수 있다. 또 사업의 추진 상황을 계획서와 비교해 현재의 진행 상태가 어떤지 관리하고 평가할 수 있는 핵심자료로도 쓰일 수 있다.

사업계획서 쓰는 방법

(1) 표지 및 목차

표지는 밝고 깨끗하게 만들어 처음부터 좋은 인상을 심어주도록 해야 한다. 목차의 경우 검토자의 입장에서 사업계획서가 담고 있는 전반적 내용을 개괄적으로 이해할 수 있도록 작성해야 한다. 목차를 가볍게 여기는 경우가 대다수인데, 오히려 당신의 기업이 얼마나 준비돼 있고 치밀한지를 내심 보여줄 수 있는 좋은 기회이니 꼼꼼하게 작성하는 게 좋다.

(2) 요약문

계획사업의 핵심내용과 가치를 집약해 설명하는 공간이다. 본인의 창업 아이템이 왜 존재해야 하고, 어떻게 팀을 구성해 계획을 실행시킬 것인지 간결하고 설득력 있게 기술한다.

(3) 기업 현황 등 사업개요

기업 현황은 검토자에게 기업의 전반적인 상태를 요약한 정보를 전달하는 역할을 한다. 주주, 주요 인력 등 회사의 전반적인 내용을 포함하고 있어야 하며, 더 나아가 사업 목적이나 비전, 경영 이념 등도 담아내야 한다.

사업개요에 들어가야 할 내용

구분	세부 내용
창업 준비 또는 창업기업	• 미래 추정치를 근거로 요약 수치를 제공 • 창업자와 주요 경영진에 대한 비중이 매우 높으므로 보다 상세한 인물 정보를 제공 • 추진 사업에 적격자임을 알림
계속기업	• 요약된 재무상태를 대차대조표와 손익계산서 기준으로 3~5년 정도 요약하여 작성 • 실적은 기업 가치를 나타내는 가장 좋은 지표
가장 중요한 항목	• 주요 인력에 관한 사항 : 모든 기업의 경쟁력은 궁극적으로 기업을 구성하고 있는 주요 인력으로부터 나온다는 사실을 명심 • 경영진 및 기술진의 업계 경험과 전문분야를 반드시 기술 • 상세한 프로필 첨부

(4) 경영조직 및 인력

강력하고 짜임새 있게 팀을 조직했다는 인상을 줘야 한다. 우선 전체적인 경영 조직도를 제시하고 각 부분의 역할 및 책임자를 소개한다. 특히 창업 핵심 인력, 즉 주요 관리자의 이력과 노하우, 직무 능력, 과거 이력 및 실적 등을 상세히 기술한다.

(5) 제품 및 서비스

원활한 이해를 위해 쉬운 용어로 자신의 제품 및 서비스를 설명해야 한다. 출시 전 제품·서비스라면 최종 물품과 비교해 어느 단계까지 개발돼 있는지를 설명한다. 제품 및 서비스가 최종적인 소비자에게 전달되기까지 해결해야 할 기술적, 제도적, 관습적, 문화적 장애물 등이 있을 경우 이를 분명히 밝히면서 해결 방안도 두루 제시한다.

(6) 시장 및 경쟁자

가장 어렵고 중요한 부분 가운데 하나로 다른 부분보다 앞서 작성하는 게 효과적이다. 시장 규모와 성장성, 시장의 세분화, 경쟁자 등에 대한 내용을 작성하면서 본인의 아이디어가 얼마나 돋보이는지 부각시키는 게 중요하다.

우선 시장 규모와 성장성은 (예상)고객 수와 특정 단위당 판매량, 매출액 등

시장 규모 예측을 위한 방법론

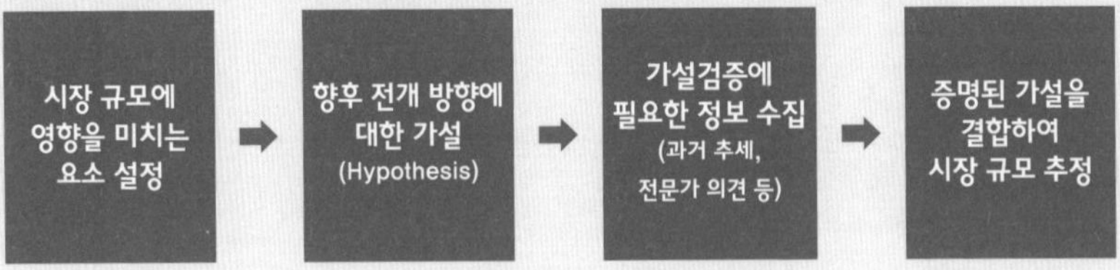

의 숫자를 구체적으로 표시해야 한다. 시장 성장성에 대한 예측은 매우 중요한 부분이므로 어떤 요소가 시장 크기에 영향을 미치는지를 구체적으로 분석해 제시한다.

시장 세분화 제시 단계에선 자신이 진입했거나 하려는 시장이 어떻게 세분화돼 있고, 본인은 어떤 시장을 타겟팅하고 있는지를 분명히 제시해야 한다. 시장 세분화의 방법은 여러 가지가 있으나 다음의 세 가지는 가급적 들어가는 게 좋다. 첫 번째, 각 세분화된 시장의 고객 수 및 구매력을 측정할 수 있어야 한다. 두 번째, 각 세분화된 고객의 행동 양식을 측정할 수 있어야 한다. 마지막으로 각 세분화된 고객은 동일한 마케팅 전략으로 공략할 수 있어야 한다.

소비재 시장에서 가능한 시장 세분화 방법	• 지리적 변수 : 국가, 도시·농촌(인구밀도), 기후 등 • 인구통계적 변수 : 나이, 성별, 소득, 직업, 종교, 교육수준 등 • 행동 분석적 변수 : 제품 구매빈도, 사용량, 상표충성도, 가격 민감도, 구매 시 중요시하는 변수 등 • 심리분석적 변수 : 라이프스타일(행동, 관심, 의견) 등
산업재 시장에서 가능한 시장 세분화 방법	• 인구통계적 변수 : 회사 규모, 산업 종류, 위치 등 • 운영적 변수 : 채용한 기술(Digital, Analog) 등 • 구매 습관적 변수 : 중앙 집권적·분권적 구매, 구매기준 등 • 상황적 변수 : 구매의 긴급도, 구매규모 등

시장 내 경쟁자에 대한 기술은 해당 경쟁사의 강점과 약점을 비교해 분석한다. 아울러 경쟁사와 본인 기업의 핵심가치나 목표 고객, 매출액, 가격, 시장 점유율, 유통 채널 등을 보기 쉽게 비교할 수 있도록 한다.

(7) 마케팅 전략

자기 사업체의 잠재고객이 누구이며, 어떻게 그들과 접촉할 것인지, 품질 및 가격, 서비스 수준을 어느 정도로 책정할 것인지, 고객들에게 이를 효과적

마케팅의 4P 요소

□ 가격(Price)	□ 유통경로(Place)
• 제품이나 서비스에 대해 고객이 지불할 의사가 있는 금액 수준 결정 • 제품이나 서비스가 고객에게 주는 가치를 계량화하여 가격층을 결정 • 잠재적 고객과의 접촉을 통해 가격수준을 확인해 결정	• 제품, 서비스의 종류에 따라서 최종 소비자에게 전달하는 독립적인 기구 • 주요 고려 요소 : 고객의 잠재적인 숫자, 제품이나 서비스의 종류, 고객이 구매하는 장소, 제품에 대한 설명의 필요 정도, 가격의 수준, 구매빈도, 제도적·법적 제약 등
□ 판매촉진(Promotion)	□ 제품(Product) 및 서비스
• 제품, 서비스를 사게 하는 다양한 방식으로 고객의 주목을 끌고, 알리고, 설득하고, 확신을 심어주는 과정이 필요 • 고전적인 광고 : 신문, 잡지, TV, 라디오 • 다이렉트 마케팅(DM) : 메일, 전화, 인터넷 • PR : 제품, 기업, 경영자에 관한 기사 등 • 전시회 및 박람회, 고객 방문	• 시장에 출시하고자 하는 제품 및 서비스에 대해 구체적으로 기술 • 관련 기술 전문가만 알 수 있는 용어를 사용하여 투자자들이 이해할 수 없게 하면 부정적인 영향을 줄 수 있으므로 알기 쉬운 용어를 사용

으로 알리기 위한 광고 및 홍보 계획 등 이른바 4P 요소를 중심으로 작성한다.

(8) 연구개발 계획

연구개발 목표, 자체개발·산학연협력·기술이전·아웃소싱 등 연구개발 방법, 연구개발 인력, 연구개발 실적 등을 간략하게 기술한다. 향후 연구개발 전략과 계획, 이를 실행하는 데 필요한 예산은 보다 구체적으로 작성한다.

(9) 시설 및 생산 계획

제조업체의 경우 기업이 보유한 시설 및 생산 계획을 구체적으로 적시하

시설 및 생산 계획에 들어가야 할 사항

공장 입지	• 노동력의 질과 양, 고객이나 공급자의 접근 용이성 • 교통편의, 물류비용, 원부자재 조달의 용이성, 해당 지역의 세금과 법규 등 점검
설비투자 계획	• 생산에 필요한 설비를 언제, 어떻게 도입할 것인가 기술 • 설비도입 규모와 향후 3년간 설비투자 계획 등을 제시
생산 전략과 계획	• 제품의 생산과 관련된 제조과정을 생산비용, 생산능력 등으로 나눠 기술 • 자금 조달, 이용 가능한 노동력, 기술적 관점에서의 제조 및 운영 계획 설명 • 이용 가능한 원자재, 노동력, 부품, 제경비 등에 대한 분석과 생산비 및 생산량에 관한 정보를 제시 • 품질관리, 생산관리, 재고관리 방법 및 서비스 불만의 최소화 방안 제시

는 게 매우 중요하다. 공장의 입지적 유리함, 향후 설비투자 계획 및 생산 전략·계획 등을 검토자가 이해하기 쉽도록 작성한다.

(10) 자금 조달 및 운용

계획된 사업을 추진함에 있어 가장 중요한 부분 중 하나가 자금 조달 계획이다. 우선 사업에 필요한 총 소요자금을 추정한 뒤 자금 부족분에 대한 조달 계획을 수립한다. 창업자 본인의 투자 자금과 투자자의 투자금 등 자기자본과 정책자금, 금융기관자금, 사금융 등을 구분해 작성한다.

(11) 추진 일정

간트 차트Gantt Chart(목적과 시간의 두 기본적 요소를 이용한 차트) 등을 활용해 현실성 있는 계획을 수립하는 게 좋다. 지나치게 낙관적인 계획을 수립함으로써 발생할 수 있는 위험을 회피하고 일정 지연 등의 차질을 예방하기 위해서다.

자금 조달 계획 작성 사례

구분		소요금액	자기자금	타인자금		
				정책자금	일반자금	기타
시설자금	토지	700,000	500,000		200,000	
	건물, 구축물 설비 및 차량	330,000		330,000		
	소계	1,030,000	500,000	330,000	200,000	
운전자금	허가 및 준비	100,000	50,000			50,000
	인건비	50,000	30,000			20,000
	초도 물품 구입비	320,000	220,000		100,000	
	소계	470,000	300,000		100,000	70,000
합계		1,500,000	800,000	330,000	300,000	70,000

(12) 추정재무제표 작성

재무계획은 사업계획서의 다른 모든 요소를 종합해 사업이 어느 정도의 수익성을 갖고 있는지를 계수적으로 나타낸 것이다. 사업 추진에 필요한 자금 조달 규모를 예측하는 데 기본 자료로 활용된다. 재무계획은 다음의 다섯 가지 요소를 반드시 갖춰야 한다.

① 추정재무제표(손익계산서, 대차대조표, 현금흐름표)의 작성

② 예측 기간을 5년 정도로 하여 작성
(적어도 현금흐름이 플러스가 되는 시점 이후 1년까지 작성)

③ 최초 2년간은 상세히 재무계획(월별 혹은 분기별)을 작성하고, 이후는 연간 기준으로 작성

④ 모든 숫자는 합리적인 가정assumption에 근거해야 함
(모든 가정은 사업계획 내 근거가 제시되어 있어야 함)

⑤ 경제성 분석결과(순현재가치NPV, 내부수익률IRR, 자금회수기간Payback) 및 주요 변수 변화에 따른 민감도 분석을 하여야 함

05

실패 후 재창업

현명하게 폐업하기

우리나라에서 재창업은 다른 나라에 비해 부정적인 시선이 많다. 사업에 실패할 경우 외적으론 실패자라는 부정적 인식이 더해지는 데다가 채무로 인해 신용도가 하락하고 사회적 관계도 악화된다. 스스로도 절망감이나 상실감이 짙어지면서 재창업에 나설 엄두를 내기 어렵다.

사업의 실패는 이렇게 부정적으로 인식되기보단 소중한 경험으로 인정돼야 한다. 실패의 경험을 재도전의 디딤돌로 승화시킬 수 있어야 한다. 즉 사업 실패를 '경험적 자산'으로 바꾸는 일이 필요한 셈. 그렇게 본다면 사업 재도전은 정부 지원을 통해 얼마나 빨리 다시 창업을 하느냐에 앞서 실패한 사업을 현명하게 폐업해 본인의 떨어진 신용을 회복하거나 유지하느냐가 선제적으로 해결돼야 한다.

‘현명한 폐업’이란 자포자기식 폐업이 아니라 폐업 전 기업이 어려움에 처해 있을 때 재도전을 고려한 폐업을 진행하는 것을 말한다. 현명한 폐업을 하게 된다면 빠른 신용회복과 재도전의 인프라 유지가 가능하게 된다. 이는 재창업을 위한 밑거름으로 작용하게 돼 새로운 제2의 삶을 내딛을 수 있게 만든다.

다음은 현명하게 폐업하기 위해 꼭 알아두어야 할 사항이다.

① 폐업을 하더라도 세금은 완납하자

사업을 운영하는 과정에서 손실이 났다 하더라도 소득세 신고를 하지 않고 폐업을 하게 되면 세무서에서는 매출액에 추계율을 적용해 이익을 계산하고 소득세를 부과한다. 실제로 이익이 발생하지 않았음에도 소득세를 납부해야 하는 경우가 발생하는 것.

따라서 폐업 시에도 매출액이 발생했다면 신고기한 내에 매출액에서 실제 발생한 비용을 공제해 소득세 신고를 하는 게 바람직하다. 신고기한 내 세금 신고를 하지 않으면 납부할 세금에 더해 무신고가산세와 납부불성실가산세를 물게 되므로 주의해야 한다.

② 폐업 후 부동산 경매로 본인 부동산이 타인에게 낙찰되었다면?

경매 시 발생하는 양도소득세는 양도가액과 당초 매입가액의 차액에 대해 부과하는 세금이다. 파산선고에 의한 처분으로 발생하는 양도나 1세대 1주택의 양도가 아닌 경우 또는 양도가액이 당초 매입한 금액보다 높아 양도차익이 있다면 양도소득세를 납부해야 한다. 본인 빚을 정리한 후 본인에게 돌아온 금액이 전혀 없다 하더라도 말이다.

양도세를 납부할 수 없다고 해서 세금신고를 아예 하지 않으면 이 역시 양도세에 더해 신고불성실가산세와 납부불성실가산세가 추가로 부과된다. 또한 세금이 늦게 고지돼 그만큼 세금의 소멸시효도 늦게 완성되므로 신고기한 내에 양도소득세 신고를 할 필요가 있다.

③ 폐업 시 재무제표에 가지급금 잔액이 남아 있다면?

가지급금은 쉽게 말해 법인 자금을 사용했는데 거래내용이 불분명하거나 계정과목이나 금액이 확정되지 않은 경우 그 지출액에 대해 일시적으로 표시하는 돈을 말한다. 가지급금을 정리하지 않은 상태에서 폐업하면 가지급금에 대해 근로소득세가 과세된다. 가지급금이 발생한 원인을 찾아 적절한 계정과목으로 처리해야 하며 법인에 상환해야 할 게 있다면 상환해야 한다.

④ 폐업 시 남은 재고자산은 어떻게 할까?

부가가치세법에선 사업자가 폐업 시에 보유한 재고자산이나 집기, 시설 등 부가가치세가 과세되는 재화를 보유한 경우 재고자산 등의 시가에 대해 부가가치세를 납부하도록 규정하고 있다.

예를 들어 800원으로 매입한 재고자산(시가는 1,000원)을 폐업 시 처리하지 않았다면 향후 시가의 10%(100원)에 해당하는 부가가치세를 납부해야 한다.

이렇게 하는 이유는 뭘까. 800원으로 매입한 재고자산은 이미 부가가치세 80원을 매입 공제해준다. 향후 사업자가 부가가치를 창출해 부가가치세를 납부할 것이란 전제가 있기 때문이다. 그러나 사업자가 폐업을 하게 되면 부가가치세를 징수할 수 없게 되므로 실제 매각하지 않고 보유한 재화에 대해서도 그 시가에 대해 부가가치세를 과세하는 것이다.

장부에 남아 있는 재고자산이나 집기·비품의 금액이 크다면 폐업 시 잔존 재화에 대한 부가가치세 납부 부담도 크므로 헐값에라도 매각해 회계장부 상에 재고자산을 남기지 말아야 한다. 집기·비품 모두 폐기하거나 매각한 후 회계장부상에서 폐기 또는 매각손실로 처리하고 폐업신고를 하는 게 바람직하다.

재도전을 위한 신용회복 절차

① 실패의 원인 분석하기

재창업 기업인들은 기존 기업의 경영지식과 경험을 최대한 살리되 실패 원인을 철저하게 분석할 필요가 있다. 실패에 대한 분석 없이 급하게 재도전을 할 경우 과거의 경로를 그대로 답습해 또 다시 실패의 길에 들어설 가능성이 높다.

중소기업청의 2013년 자료를 바탕으로 국내 기업들의 실패 원인을 살펴보면 '판매 부진'이 48.5%로 가장 높다. 다음으로 '적자 누적'(41.8%), '거래처 판매대금 회수 지연'(40.8%),' 거래처 도산·부실 등'(39.3%) 등의 순으로 나타났다. 응답자 유형 대부분에서 '판매 부진'이 가장 높게 나타난 반면, 법인은 '거래처 판매대금 회수 지연'이 상대적으로 높은 비중을 보였다.

② 개인사업자의 신용 회복하기

사업에 실패할 경우 채무에 대한 부담을 피할 수 없는 경우가 대부분인데 기업 폐업 후 바로 개인의 신용회복 절차를 밟아야 재도전을 위한 기반을 만들 수 있다.

개인 신용을 회복하는 방법은 부채의 규모에 따라 다르다. 빚이 30억 원 이상일 경우 법원을 통해 파산·면책을 신청해 개인회생 혹은 개인파산을 하는 방법. 부채가 30억 원 이내이며 갚을 의지가 있는 경우 신용회복위원회를 통해 개인워크아웃, 프리워크아웃을 하는 방법이 있다.

법원과 신용회복위원회를 통해 파산·면책을 받거나 신용회복 확정을 받게 돼도 일정 기간 동안은 과거의 신용불량 기록이 남아 있어 민간 금융기관 이용 등 자유로운 경제 활동이 어렵다. 그렇지만 중소기업진흥공단을 통한 재창업자금은 신용회복 확정 후 바로 활용이 가능하며 파산면책 정보를 제외한 나머지 신용정보도 조기에 삭제돼 재도전을 즉시 준비할 수 있다.

개인 신용 회복 프로세스

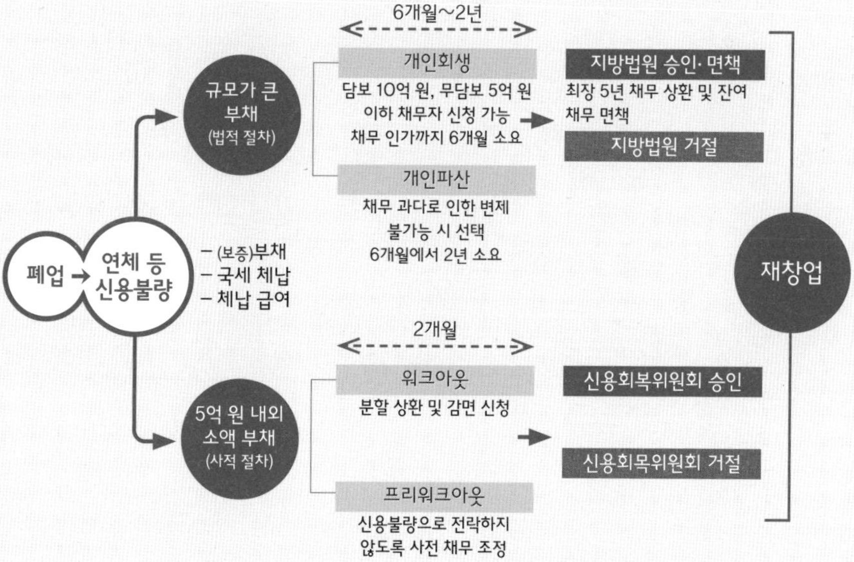

－변제계획 인가 및 면책 결정 후 5년간 은행연합회 데이터 관리
－모든 면책에서 국세체 납액은 제외

개인의 채무조정 제도를 자세히 비교한 표는 아래와 같다

구분	개인워크아웃	중소기업인 채무조정	개인회생	개인파산·면책
운영 주체	신용회복위원회	신용회복위원회	법원	법원
시행 시기	2002.10.01	2010.04.26	2004.09.23	1962.01.20
대상 채권	협약가입 금융기관 보유채권	협약가입 금융기관 보유채권	제한 없음 (사채 포함)	제한 없음 (사채 포함)
채무 범위	담보채무(10억 원) 무담보채무(5억 원)	주채무 및 보증채무 30억 원	담보채무(10억 원) 무담보채무(5억 원)	제한 없음
대상 채무자	3개월 이상 연체자	3개월 이상 연체자	계속적 소득이 있는 과다 채무자	파산 원인
보증인 영향	보증인에 대한 채권추심 불가	보증인에 대한 채권추심 불가	보증인에 대한 채권추심 가능	보증인에 대한 채권추심 가능
채무 조정 수준	• 이자·연체이자 감면 • 상각채권에 한해 최대 50% 감면(소외계층 60~70%) • 상환기간 최장 8년 이내, 최장 2년 상환 유예	• 이자 연체이자 감면 • 원금은 상각채권에 한해 최대 50% 감면 • 상환기간 최장 8년 이내(2억 원 초과 10년) 최장 3년 상환 유예(2억 원 초과 5년)	5년 이내 채무변제	청산 후 면책
법적 효력	사적 조정에 의해 변제 완료 시 면책	사적 조정에 의해 변제 완료 시 면책	변제 완료 시 면책	청산 후 법적 면책
은행 연합회 연체정보 해제	신용회복지원 확정 시	신용회복지원 확정 시	변제계획 인가 시	면책 결정 시
은행 연합회 공공정보 등록	• 신용회복지원 중 채무 변제 완료 시 • 신용회복지원 확정 이후 2년 이상 변제할 경우 공공정보 삭제	• 신용회복지원 중 채무 변제 완료 시 • 신용회복지원 확정 이후 2년 이상 변제할 경우 공공정보 삭제	• 개인회생절차 진행 중 채무변제 완료 시 • 개인회생 인가 이후 최장 5년간 변제할 경우 공공정보 삭제	• 파산으로 인한 면책 결정 • 면책 결정 후 5년 경과한 경우 공공정보 삭제

③ 법인사업자의 신용 회복하기

이 책이 비록 '개인사업자'를 대상으로 주로 설명하고 있지만 말이 나온 김에 법인사업자가 신용을 회복할 수 있는 방법도 알아보자.

크게 두 가지 방향에서 중소기업을 지원하고 있는데 바로 위기극복지원과 재창업지원이다.

먼저, 서울중앙지법 등 전국 6개 법원과 협력해 회생절차 진입부터 인가까지 전문가 자문 등을 밀착 지원하는 회생 컨설팅 지원사업이 있다. 바로 위기극복지원Turn-Around. 부실요인을 사전에 점검해 개선해주는 사전부실 예방 지원사업과 위기극복 혹은 사업정리 등 기업의 진로를 제시해주는 진로

재도전지원사업 기능·단계별 흐름도

구분	교육·컨설팅	사업화, 기술개발	융자 및 보증
위기극복지원 Turn-Around	사전부실 예방 진로 제시 컨설팅 회생컨설팅 (법원 협업)	–	사업전환자금 구조개선자금 재기지원보증 (신, 기보)
재창업지원 Re-Startup	재도전경영자 힐링캠프	재창업기술개발 지원 • (중기청) 재창업 아이디어 기술개발 • (미래부) K-Global ICT 유망 기술개발(창업, 재도전 분야)	재창업 자금 융자 • 채무 조정 및 신용 회복자 → 중기청(중진공) • 채무 조정 및 신용 회복 필요자 → 금융위(신복위)
	패키지형 재도전 지원사업 • (중기청) 재도전성공패키지 • (미래부) K-Global 재도전 단계별 지원		

제시 컨설팅 사업도 위기극복지원 정책 가운데 하나다. 또한, 기업의 업종 전환을 지원하는 사업전환자금과 내부적인 구조조정 추진 과정에서 필요한 자금을 지원하는 구조개선자금 등이 있다.

실패 기업인의 재창업을 지원하는 재창업Re-Startup지원사업은 재창업 교육부터 사업화까지 지원하는 패키지형 재도전지원사업이 있다. 연구·개발R&D을 지원하는 재창업 아이디어 기술개발사업이 대표적으로, 패키지형 재도전지원사업은 재창업 교육 후 재창업계획을 평가해 등급별로 3,000만 원에서 최대 1억 원까지 자금을 지원한다.

또한, 재창업자금을 통해 재창업 시 필요한 운영 및 시설 자금을 지원하고 있으며 매년 그 지원 규모를 확대하고 있다. 재창업 자금은 파산, 회생 등 채무조정 기록이 있더라도 신청이 가능한 유일한 자금이다.

법인의 경우 신용회복 절차는 다음과 같다. 자구노력이 원활히 이루어지지 않은 경우 회생절차에 들어갈 것인지 폐업을 할 것인지를 결정해야 하는데 일반적으로 기업의 계속 가치가 청산 가치보다 큰 경우는 회생(구조조정)을, 반대의 경우에는 폐업의 길을 밟는다.

법인기업 3대 채무조정제도 '워크아웃, 기업회생, 기업파산'

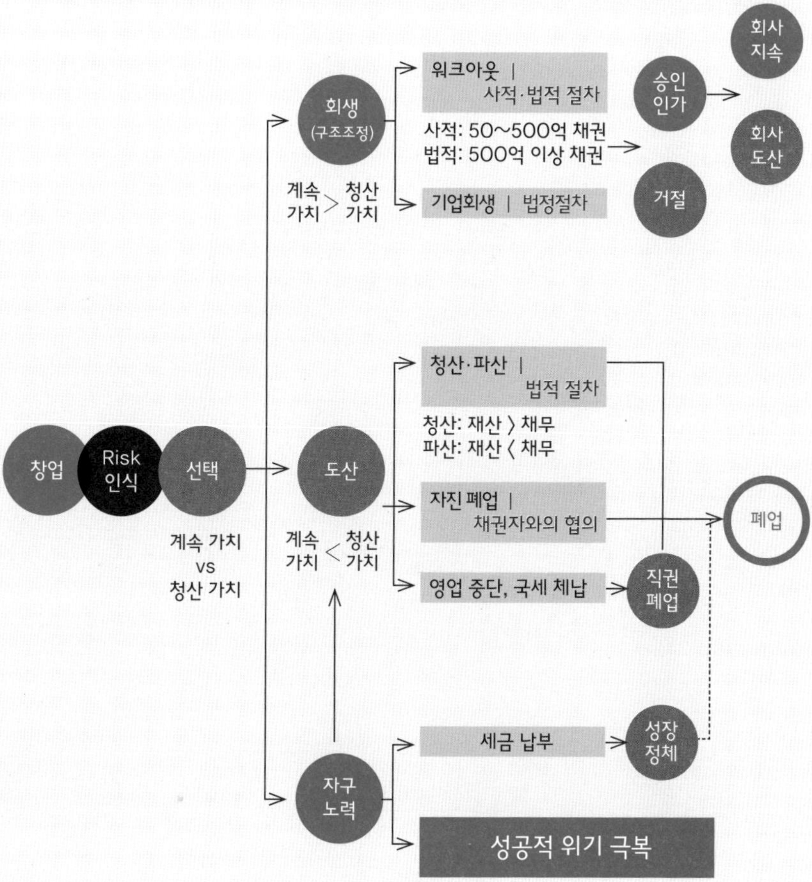

구분	중소기업 워크아웃	기업 회생	기업 파산
	계속 가치 〉 청산 가치	계속 가치 〉 청산 가치	계속 가치〈 청산 가치
대상	총 채무액 500억 원 미만 중소기업	경영위기 기업 중 회생 가능성이 높은 기업	지급 불능, 자금 정지, 채무 초과로 회생 가능성이 희박한 기업
대상 채무	채권은행협의회에 가입한 금융기관 채무	기업의 모든 채무	기업의 모든 채무
내용	경영애로 기업과 채권금융기관이 상호 조정하여 경영 정상화 계획 실행	회생 가능성이 있는 경영애로 기업이 회생 계획대로 경영하여 채무를 변제하고 잔여 채무는 면책됨	구조조정에 실패한 회생 불능기업의 모든 재산을 매각하여 채무를 변제하고 해산하여 소멸
감독 주체	채권 보유 금융기관 (사적 조정)	법원 (법적 조정)	법원 (법적 조정)
채무 조정	금융기관의 채권행사 유예, 채무 조정 이자 감면 및 출자 전환 등 협약 금융기관의 채무만 조정 가능	기업의 채무를 영업이익으로 상환할 수 있는 범위 내에서 상환, 나머지는 감면 혹은 출자 전환	기업의 재산을 매각하여 채권자에게 공평하게 분배
장점	• 일시적 경영자금 유동성 부족 해결 • 기업회생에 비해 신속한 구조조정 가능	• 정상적인 영업 가능 • 강제 집행 등 무분별한 개별적 집행 중지 가능	• 채권자·채무자 조세 부담 경감 • 회생 절차에 비해 간편
단점	• 채권금융기관에 의해 경영권 포기 또는 간섭 • 금융기관 이외 상거래 채무 등은 조정 불가능	• 전문가의 도움이 필요하며, 이에 따른 상당한 비용과 시간이 소요 • 공공정보 등재로 인한 행정청의 영업 제재 및 거래 단절 가능성 • 기업의 주 채무가 감면되더라도 민간의 연대보증 채무는 존재	• 법인 계속경영 불가(법인의 해산) • 법인기업 해산으로 주 채무가 면제되더라도 민간의 연대보증 채무는 존재
소요기간	채무 변제 시까지	회생계획기간 보통 10년	보통 1~2년

개인사업자와 법인의 재도전과 관련된 모든 지원정책과 문의처를 망라한 표는 다음과 같다.

(1) 신용회복 및 채무조정

지원제도	세부 키워드	주관 부서 및 문의처
재도전종합지원센터	종합지원, 신용회복, 자금융자, 종합 전문상담	중소기업진흥공단 재도약성장처 02-6678-4050, www.rechallenge.or.kr
재창업 자금 (일반)	채무감면, 변제유예분할 상환, 자금융자	(신용 회복자) 중소기업진흥공단 재도약성장처 055-751-9632, 9634 (신용 미회복자) 신용회복위원회 상담센터 1600-5500
개인 신용회복 절차	신용회복	신용회복위원회 1600-5500, www.ccrs.or.kr
신용회복위원회 중소기업인 채무조정	채무감면, 상환유예, 상환연장	신용회복위원회 1600-5500, www.ccrs.or.kr
개인 회생 제도	개인회생, 채무상환, 잔여채무 면책	채무자 소재지 관할 지방법원
개인 파산·면책 제도	채무상환, 잔여채무 면책	채무자 소재지 관할 지방법원
한국자산관리공사 채무조정	채무감면, 분할상환	한국자산관리공사 1588-3570 서민금융나들목 통합콜센터 1397
법인기업 파산 제도	기업파산, 재산 매각배당	본점 소재지 관할 지방법원 재도전종합지원센터 법률상담 02-6678-4050
중소기업 간이회생 제도	채무상환, 분할변제	본점 소재지 관할 지방법원 재도전종합지원센터 법률상담 02-6678-4050
기업회생 제도	채무상환, 분할변제	본점 소재지 관할 지방법원 재도전종합지원센터 법률상담 02-6678-4050
중소기업 워크아웃	채무조정 대출만기 연장, 금리 재조정	금융감독원 중소기업지원실 02-3145-8383
중소기업 패스트 트랙	금융지원, 채권행사 유예, 이자감면, 이자율 인하, 대출전환	전국은행연합회 여신제도부 02-3705-5253
신용정보 불이익 해소	신용회복, 신용정보 공유제한	한국신용정보원 신용정보기획팀 1544-1040

(2) 자금 및 보증

① 자금 지원

지원제도	세부 키워드	주관 부서 및 문의처
패키지형 재도전 지원사업	자금 지원, 교육, 컨설팅 및 멘토링, 사무공간	(일반 분야) 창업진흥원 재도전창업현장지원부 042-480-4434 (ICT 분야) 정보통신산업진흥원 글로벌창업팀 043-931-5555
재창업기업 아이디어 신제품 개발사업	자금 지원	중소기업 R&D 콜센터 (국번 없이) 1357 기술정보진흥원 042-388-0764~5
K-Global ICT 유망기술개발지원 재도전분야	자금 지원	정보통신기술진흥센터 중소기업개발팀 042-612-8677

② 자금 투자

지원제도	세부 키워드	주관 부서 및 문의처
재창업지원펀드	자금 투자, 컨설팅 및 멘토링, 사무공간	큐브벤처 파트너스 www.cubevp.com 캡스톤파트너스 www.cspartners.co.kr
성장사다리 재기지원펀드	자금 투자	나우아이비캐피탈 www.nauib.com 케이스톤파트너스 www.keistone.co.kr 에버베스트파트너스 www.everbestpartners.com

③ 자금 융자

지원제도	세부 키워드	주관 부서 및 문의처
재도전종합지원센터	종합지원, 신용회복, 자금융자, 종합전문상담	중소기업진흥공단 재도약성장처 02-6678-4050, www.rechallenge.or.kr
재창업 자금 (일반)	채무감면, 변제유예분할상환, 자금융자	(신용 회복자) 중소기업진흥공단 재도약성장처 055-751-9632, 9634 (신용 미회복자) 신용회복위원회 상담센터 1600-5500
재창업 자금 (융자상환형)	자금융자	중소기업진흥공단 재도약성장처 055-751-9632, 9634
사업전환 지원	자금융자, 컨설팅 및 비용지원, 세제지원	중소기업진흥공단 재도약성장처 055-751-9623, 9624
구조개선 전용자금	자금융자	중소기업진흥공단 재도약성장처 055-751-9633

④ 보증 지원

지원제도	세부 키워드	주관 부서 및 문의처
신용보증기금 재기보증	보증지원	신용보증기금 재기보증부 053-430-4416
기술보증기금 재기보증	보증지원	기술보증기금 회생관리부 051-606-7483
지역신용보증재단 성실실패자 재도전지원 특례보증	보증지원	신용보증재단중앙회 보증지원부 042-480-4035
재도전기업 계약이행 보증보험 지원	보증지원	서울보증보험(주) 02-3671-7063 중소기업진흥공단 055-751-9632

⑤ 연계 지원

지원제도	세부 키워드	주관 부서 및 문의처
구조개선 부실예방진단	자금 및 보증, 회생컨설팅, 연계 지원	중소기업청 042-481-6844 신용보증기금 053-430-4508 기술보증기금 051-606-7655 중소기업진흥공단 055-751-9513

(3) 교육

지원제도	세부 키워드	주관 부서 및 문의처
패키지형 재도전 지원사업	자금 지원, 교육, 컨설팅 및 멘토링, 사무공간	(일반 분야) 창업진흥원 재도전창업현장지원부 042-480-4434 (ICT 분야) 정보통신산업진흥원 글로벌창업팀 043-931-5555
재기 중소기업 경영자 힐링캠프	교육	중소기업재기개발원 051-316-4050
K-Global Re-Startup 컴백 캠프	교육, 종합전문상담	정보통신산업진흥원 043-931-5573

(4) 컨설팅 및 비용 지원

① 종합 전문상담

지원제도	세부 키워드	주관 부서 및 문의처
재도전종합지원센터	종합 지원, 신용회복, 자금융자, 종합 전문상담	중소기업진흥공단 재도약성장처 02-6678-4050, www.rechallenge.or.kr
K-Global Re-Startup 컴백 캠프	종합 전문상담	정보통신산업진흥원 043-931-5573

② 컨설팅 및 멘토링

지원제도	세부 키워드	주관 부서 및 문의처
재창업지원펀드	자금 투자, 컨설팅 및 멘토링, 사무공간	큐브벤처 파트너스 www.cubevp.com 캡스톤파트너스 www.cspartners.co.kr
패키지형 재도전 지원사업	자금 지원, 교육, 컨설팅 및 멘토링, 사무공간	(일반 분야) 창업진흥원 재도전창업현장지원부 042-480-4434 (ICT 분야) 정보통신산업진흥원 글로벌창업팀 043-931-5555

③ 컨설팅 및 비용 지원

지원제도	세부 키워드	주관 부서 및 문의처
사업전환 지원	자금 융자, 컨설팅 및 비용 지원, 세제 지원	중소기업진흥공단 재도약성장처 055-751-9623, 9624
구조개선 부실예방진단	자금 및 보증, 회생컨설팅, 연계 지원	중소기업청 042-481-6844 신용보증기금 053-430-4508 기술보증기금 051-606-7655 중소기업진흥공단 055-751-9513
경영개선 부실예방진단	컨설팅 및 비용 지원	중소기업청 042-481-6844 신용보증기금 053-430-4508 기술보증기금 051-606-7655 중소기업진흥공단 055-751-9513
기업 부실예방진단	컨설팅 및 비용 지원	중소기업청 재도전성장과 042-481-6844 지방중소기업청
중소기업 진로제시 컨설팅	컨설팅 및 비용 지원	중소기업진흥공단 재도약성장처 055-751-9625, 9635
중소기업 회생컨설팅	컨설팅 및 비용 지원	중소기업진흥공단 재도약성장처 055-751-9625, 9635
사업정리 컨설팅	컨설팅 및 비용 지원	중소기업진흥공단 재도약성장처 055-751-9625, 9635

(5) 기타 지원

① 자산 매매

지원제도	세부 키워드	주관 부서 및 문의처
중소·벤처기업 자산 거래 중개장터	자산 매매	중소기업진흥공단 재도약성장처 055-751-9624, 9626

② 신용정보 공유 제한

지원제도	세부 키워드	주관 부서 및 문의처
신용정보 불이익 해소	신용회복, 신용정보 공유 제한	한국신용정보원 신용정보기획팀 1544-1040

③ 세제 지원

지원제도	세부 키워드	주관 부서 및 문의처
사업전환 지원	자금 융자, 컨설팅 및 비용 지원, 세제 지원	중소기업진흥공단 재도약성장처 055-751-9623, 9624
재기중소 기업인 조세 지원	세제 지원	(신청) 관할 세무서에 신청 126 (상담) 재도전종합지원센터 02-6678-4050

④ 사무공간

지원제도	세부 키워드	주관 부서 및 문의처
재창업지원펀드	자금 투자, 컨설팅 및 멘토링, 사무공간	큐브벤처 파트너스 www.cubevp.com 캡스톤파트너스 www.cspartners.co.kr
패키지형 재도전 지원사업	자금 지원, 교육, 컨설팅 및 멘토링, 사무공간	(일반 분야) 창업진흥원 재도전창업현장지원부 042-480-4434 (ICT 분야) 정보통신산업진흥원 글로벌창업팀 043-931-5555

⑤ 법인신용카드 발급, 자동차 리스

지원제도	세부 키워드	주관 부서 및 문의처
재기기업인 법인카드 발급 및 자동차 리스 지원	법인신용카드 발급, 자동차 리스	(법인신용카드) IBK기업은행 1566-2566 (자동차 리스) KDB캐피탈 02-6330-0114

부록 ❷

정부의 창업지원사업 총정리

중앙정부 및 지방자치단체의 창업지원사업을 총정리했다.

우선 중앙정부 지원사업은 ① 창업교육, ② 시설·공간, ③ 멘토링·컨설팅, ④ 사업화, ⑤ 정책자금, ⑥ R&D, ⑦ 판로·해외 진출, ⑧ 행사·네트워크, ⑨ 기타 사업 등 총 9개 분야로 나눠 정리할 수 있다. 지방자치단체의 창업지원사업은 16개 지방자치단체의 지원사업과 주요 지원 내용과 연락처 등을 담았다.

(1) 중앙정부지원사업

① 창업교육

주관부서	지원사업명	내용	신청 방법 및 문의처
중소기업청	청소년 비즈쿨	초·중·고생을 대상으로 기업가정신 함양 및 창업교육을 통해 창의성 및 도전정신을 갖춘 '융합형 창의인재' 양성	K-startup 홈페이지 (www.k-startup.go.kr)를 통한 온라인 신청·접수
중소기업청	창업아카데미	대학생, 일반인을 대상으로 창업교육 및 창업동아리 지원 등을 통한 창업 인식전환 및 성공창업자 발굴·육성	
중소기업청	창업대학원	기업가정신과 창업에 필요한 실무지식 등 체계적·전문적 창업교육을 통한 창업전문가 양성을 위해 창업대학원 지정(석사학위 과정)	
중소기업청	장애인 맞춤형 창업교육	예비 창업자 및 기창업자에 대해 창업에 필요한 종합교육을 제공해 장애인의 성공 창업 유도	
중소기업청	차세대 여성 CEO 양성교육	창업에 관심 있는 여대생들에게 체계적인 창업교육을 통해 기업가정신 함양 및 창업 마인드를 고취시켜 역량 있는 차세대 여성CEO 양성	
중소기업청	실전 창업스쿨	창업을 희망하는 여성에게 필요한 전문지식과 창업정보를 전달하고, 실습 위주의 실전 창업교육 실시	여성기업통합정보망 (www.wbiz.or.kr)을 통한 온라인 신청
중소기업청	시니어기술창업 스쿨	기술창업을 희망하는 만 40세 이상 (예비)창업자의 실전 창업을 위한 실습·코칭 위주의 교육 프로그램 지원	K-startup 홈페이지 (www.k-startup.go.kr)를 통한 온라인 신청·접수
특허청	IP 창조 Zone	예비 창업자 등에게 발명·창업 관련 교육 및 사업 아이디어 구체화·권리화 지원	IP 창조 Zone 홈페이지(www.ipczone.ripc.org) 내 수강생 모집공고 참고
교육부	대학 창업교육 체계 구축	대학을 중심으로 사회 전반의 창업에 대한 관심 제고, 창업교육 활성화 및 창업문화 확산	교육부 취업창업교육지원과
문화체육관광부	스포츠 산업 창업지원	예비 창업자를 선정하여 사업계획 수립부터 사업화과정 교육 후, 보육지원 대상자를 선정하여 보육사업 지원	문화체육관광부 스포츠산업과 한국스포츠개발원 산업지원팀

② 시설·공간

주관부서	지원사업명	내용	신청 방법 및 문의처
중소기업청	시니어기술 창업센터	시니어 (예비)창업자의 초기사업화를 위한 사무 공간 제공 및 각종 창업지원 프로그램(교육, 자문, 네트워킹 등) 운영	중소기업청 지식 서비스창업과 창업진흥원 지식 서비스창업부
중소기업청	크리에이티브 팩토리 지원사업	(예비)창업자의 우수한 아이디어·기술의 신속한 사업화를 위해 아이디어 기획부터 시장 진출까지 사업화 단계별 맞춤형 지원	중소기업청 창업진흥과 창업진흥원 대학창업부
중소기업청	창업보육센터 지원	창업보육센터 건립(리모델링) 및 보육역량 강화 지원을 통해 창업초기기업에 창업 공간 및 각종 경영·기술, 정보제공 등을 지원	한국창업보육협회 홈페이지 (www.bi.go.kr)에서 신청·접수
중소기업청	시제품 제작터 운영	(예비)창업자의 창업아이템을 '디자인→설계→모형 제작'까지 일괄 지원을 위해 시제품 제작터를 구축·운영 (5개 지방 중소기업청)	* 경기청, 대구경북청, 광주전남청, 부산울산청, 전북청에 문의
중소기업청	1인 창조기업 비즈니스센터	(예비)1인 창조기업에 사무 공간 제공 및 법률·세무·마케팅 등에 관한 자문, 창업 교육 등 경영지원을 통해 지속적인 성장 지원 도모	k-startup 홈페이지 (www.k-startup.go.kr)에서 1인 창조기업 비즈니스센터 검색
미래창조 과학부	K-Global 빅데이터 스타트업 지원	빅데이터에 특화된 분석·개발 인프라 및 기술 멘토링, 기술 교육, 사업화 지원 등 중점 지원	K-ICT 빅데이터센터 홈페이지(http://kbig.kr)에서 필요한 지원 내용을 예약
문화체육 관광부	게임벤처 3.0	게임분야에서의 창의성과 전문지식, 기술을 보유한 우수한 인력을 발굴하여 차세대 게임개발기업으로 성장할 수 있도록 창업 지원	한국콘텐츠진흥원 홈페이지 (www.kocca.kr)와 글로벌게임허브센터 홈페이지 (www.gamehub.or.kr) 별도 공지

〈1인 창조기업 비즈니스센터 연락처〉

주관기관명	연락처	주관기관명	연락처
서울 노원구	02-944-6032	대전광역시	042-864-5112
마포구청	070-7727-4101	아이빌트 세종	044-868-3671
서울 성북구	02-2241-3984	충남테크노파크	041-589-0703

주관기관명	연락처	주관기관명	연락처
한성케이에스콘	02-6670-0021	충북지식산업진흥원	043-210-0840
주식회사오피스허브	02-445-8005	(주)유비컴즈 충북넷	070-7209-4327
(주)르호봇비즈니스인큐베이터	02-783-4511	전라남도	061-729-2703
메트로비즈니스	070-8662-4511	광주광역시	062-236-3261
비즈앤택스(주)	1661-7854	(재)광주디자인센터	062-611-5150
(주)하우투비즈	02-782-8715	전남문화산업진흥원	061-280-7492
(주)오퍼스이앤씨	070-7853-3985	광주 광산구	062-698-7841
한국방송통신 전파진흥원	070-7727-5608	담양군	061-381-5801
(주)로아컨설팅	02-538-1644	전주시	063-281-4133
중원게임즈	070-4821-4878	창원시	055-247-9387
더이노베이터	02-568-0031	(재)김해시 차세대 의생명 융합산업지원센터	055-329-8812
코너스톤웍스	070-7090-0816	(주)창조기업경영연구원	055-267-2311
의정부시	031-828-8878	대구 수성구	053-784-8261
용인시디지털 산업진흥원	031-323-4689	문경시농업기술센터	054-552-2322
한국나노기술원	031-546-6522	(재)포항테크노마크	054-223-2245
경기도여성능력개발센터	031-8999-158	경북문화콘텐츠진흥원	054-840-7050
안양창조산업진흥원	031-8045-2327	경상북도	053-819-3048
경기콘텐츠진흥원	031-776-4319	나누미넷	0505-396-9000
창업진흥원	031-204-1070	대구성서산업단지관리공단	053-589-7933
고양지식정보산업진흥원	031-960-7869	(재)부산정보산업진흥원	051-749-9455
의왕시	031-345-2366	크로스비즈	051-818-0211
인천광역시	032-250-2152	부사광역시 해운대구	051-545-8829
(주)한국소호진흥협회 인천지회	032-429-6622	부산광역시 사하구	051-205-1014
강화군농업기술센터	032-930-4124	울산광역시	052-710-5920
(주)미래서비스	032-873-0051	울주군	052-277-1996
강원 강릉시	033-650-3394	(재)제주테크노파크	064-720-3041
충청남도	041-539-4540	59개 1인 창조기업 비즈니스센터	

③ 멘토링·컨설팅

주관부서	지원사업명	내용	신청 방법 및 문의처
미래창조과학부	K-Global 기업가정신 및 인큐베이팅 인턴십	중소·벤처 CEO의 창의·혁신적 사고와 글로벌 기업가정신 함양을 위해 국내 유망 중소·벤처기업가를 선발하여 미국 스탠포드대학 디스쿨(d.School)의 '디자인사고(Design Thinking)' 교육 및 비즈니스 네트워킹 지원	K-startup 홈페이지(www.k-startup.go.kr)를 통한 온라인 신청·접수
중소기업청, 미래창조과학부	K-Global 창업 멘토링	성공·실패 경험을 가진 선배 벤처기업인들의 풍부한 경험과 노하우를 바탕으로 청년창업가의 기술·경영 애로사항 등을 진단하고 해결 방안을 제시하여 창업 성공률을 높이기 위한 창업 멘토링 지원	K-ICT창업멘토링센터 미래창조과학부 정보통신방송기반과
미래창조과학부	6개월 챌린지 플랫폼	혁신센터의 PD(창업전문가)가 예비 창업자 및 창업 1년 이내 신생기업의 아이디어를 6개월 집중 육성하여 사업화 추진	K-startup 홈페이지(www.k-startup.go.kr)를 통한 온라인 신청·접수
미래창조과학부	액셀러레이터 연계 지원사업	혁신센터 주도 또는 액셀러레이터사가 연계하여 혁신센터 중심의 지역 벤처·창업 생태계 조성을 통해 아이디어의 사업화 및 투자 활성화 실현	연구개발특구진흥재단 홈페이지(www.innopdis.or.kr)
특허청	선행기술조사	연구개발이나 특허출원 전 활용이 가능한 기술 정보나 요청한 기술과 동일하거나 유사한 선행 기술 정보를 조사·분석(주로 선행 특허문헌 조사·분석)	지원대상이 거주·소재하는 지역을 관할하는 지역지식재산센터 홈페이지(www.ripc.org)
특허청	국민행복기술 구현사업	예비 창업자 등에게 발명·창업 관련 교육 및 사업 아이디어 구체화·권리화 지원	창조경제타운(www.creativekorea.or.kr)에 아이디어 등재
특허청	지식재산재능 나눔	특허·디자인·상표 등 지식재산 분야에 재능을 가진 개인, 기업 또는 단체가 소기업, 예비 창업자 등의 지식재산 활동을 지원	지역지식재산센터(1661-1900) 또는 홈페이지(ripc.org/ipnanum)
특허청	투자유치 인큐베이팅 프로그램	투자유치 인큐베이팅 프로그램(교육·컨설팅·맞춤형 컨설팅·IR 클리닉)을 통한 우수 특허기술을 보유한 기업의 투자유치 역량 강화 및 기업-멘토(투자자) 간 네트워크 형성	한국발명진흥회(www.kipa.org) 및 수행사 온·오프라인 모집공고 후 수행사를 통한 신청
특허청	국내·해외 지식재산 권리화	우수한 기술, 창의적인 디자인 등을 개발하였으나 자금 및 인력 부족 등으로 권리화에 어려움을 겪는 중소기업의 산업재산권 창출 도모	지원대상이 거주·소재하는 지역을 관할하는 지역지식재산센터 홈페이지(www.ripc.org)

④ 사업화

주관부서	지원사업명	내용	신청 방법 및 문의처
중소기업청	창업선도대학 육성	우수한 창업지원 인프라를 갖춘 대학을 '창업선도대학'으로 지정하여 (예비)창업자를 대상으로 창업 교육부터 창업 아이템 발굴 및 사업화, 후속 지원까지 패키지식 지원	K-startup 홈페이지(www.k-startup.go.kr)를 통한 온라인 신청·접수
중소기업청	청년창업 사관학교	청년창업자를 선발하여 창업계획 수립부터 사업화까지 창업의 전 과정을 일괄 지원하여 혁신적인 청년창업 CEO 양성	
중소기업청	창업맞춤형 사업화 지원사업	사업화 가능성이 높은 창업기업을 대학 및 투자·연구기관 등 주관기관과 연계하여 유망 창업기업으로 육성	
중소기업청	창업도약패키지 지원사업	창업기업이 어려운 시기를 극복하고 새로운 도약의 기회를 찾을 수 있도록 시장전문가 멘토링, 사업 모델 혁신 등 지원	
중소기업청	선도벤처연계 기술창업 지원사업	성공가능성 높은 (예비)창업자를 발굴, 선도벤처기업 보유 인프라 지원을 통해 성공적인 창업 유도	
중소기업청	민관공동 창업자 발굴·육성사업	TIPS프로그램 연계지원의 일환으로, TIPS에 선정되어 민간투자·기술개발 자금을 유치한 창업팀에게 시제품 제작, 마케팅 등을 위한 사업화 자금 지원	창업진흥원 TIPS 글로벌사업부
중소기업청	창업인턴제	창업 준비과정에서 벤처·창업기업 현장근무 기회를 제공하고 창업 시 평가를 통해 사업화 자금을 지원하여 준비된 창업자 양성 유도	K-startup 홈페이지(www.k-startup.go.kr)를 통한 온라인 신청·접수
중소기업청	패키지형 재도전 지원사업	사업계획을 보유한 우수 (예비)재도전기업인을 발굴하여 실패원인 분석 등 재도전 교육과 재창업 사업화를 지원	재도전종합지원센터 홈페이지(www.rechallenge.or.kr)를 통한 온라인 신청·접수
미래창조 과학부	K-Global Re-Startup	민간투자를 통해 검증된 재도전기업에 정부지원금을 매칭하여 실패한 기업인의 성공사례를 창출하고, '재기와 재도전 환경'을 조성	정보통신산업진흥원 홈페이지(www.nipa.kr)를 통한 온라인 접수
중소기업청	스마트벤처 창업학교	앱, 콘텐츠, SW 융합 등 유망 지식서비스 분야 전문기업 육성을 위해 전국 4개 스마트 벤처창업학교에서 창업 전 단계를 집중 지원	k-startup 홈페이지(www.k-startup.go.kr)를 통한 온라인 신청·접수
중소기업청	스마트창작터	앱, 컨텐츠, ICT 융합 분야 등 유망 지식서비스 분야의 초기창업자를 대상으로 체험형 창업교육과 사업화 자금 지원, 후속지원의 패키지 지원 프로그램	창업진흥원 스마트 창업부

주관부서	지원사업명	내용	신청 방법 및 문의처
중소기업청	장애인 창업 아이템 경진대회	장애인에게 적합한 창업 아이템을 공모하고 발굴·포상함으로서 장애인의 경제활동 의욕 고취 및 자생력 확보	장애인기업종합지원센터 홈페이지(www.debc.or.kr)를 통한 공고 및 신청
중소기업청	여성창업 경진대회	예비 여성창업자들의 창의적이고 우수한 창업 아이템을 조기에 발굴·육성하고, 효과적인 사업화 모델을 통한 사업화 능력을 배양하여 여성창업 활성화 기여	여성기업통합정보망(www.wbiz.or.kr)을 통한 온라인 신청
중소기업청	여성벤처창업 케어 프로그램	우수 벤처창업 아이디어를 보유한 예비 여성창업자에 '여성벤처창업 CEO 양성 플랫폼'을 지원하여 창업성공률을 제고	한국여성벤처협회 홈페이지(www.kovwa.or.kr)에서 신청서 다운로드 → 이메일 접수 한국여성벤처협회 창조확산팀
미래창조과학부	K-Global Startup 공모전	ICT 분야 창의적 아이디어를 공모·발굴하여, 창업·사업화·해외 진출까지 연계 지원	정보통신산업진흥원 홈페이지(www.nipa.kr)
미래창조과학부	K-Global 액셀러레이터 육성	ICT·SW 분야 민간 액셀러레이터를 활용하여 스타트업의 성공적인 창업사업화와 해외 진출 지원을 위한 액셀러레이터 글로벌 역량 강화	
미래창조과학부	K-Global Startup 스마트 디바이스	스마트 디바이스 분야의 창의적 아이디어 발굴과 기술·디자인·비즈니스 등 시제품 개발 지원, 교육 프로그램 운영 등을 통해 창업과 벤처기업을 육성하고 창작문화 확산 추진	K-ICT 디바이스랩 홈페이지(devicelab.kr)를 통한 온라인 신청
미래창조과학부	K-Global 스마트미디어	스마트미디어 분야 창의아이디어의 서비스 상용화 및 사업화 지원	창조경제타운(www.creativekorea.or.kr) 온라인 신청
미래창조과학부	K-Global DB-Stars	데이터 활용을 통해 새로운 부가가치 창출 및 고도화가 가능한 서비스를 발굴·육성하여, 시장을 선도하는 혁신 서비스 및 기업으로 성장토록 지원	DB스타즈 홈페이지(www.dbstars.or.kr)를 통한 온라인 접수 및 신청
미래창조과학부	K-Global 클라우드 기반 SW 개발 환경 지원	아이디어만으로 SW를 손쉽고 빠르게 개발하고 이를 사업화할 수 있도록 클라우드 기반 SW 개발 환경 및 시범 서비스 환경, 해외 진출 등 지원	클라우드지원센터 홈페이지(www.cloudsc.kr, www.cloud.or.kr)를 통한 온라인 신청
미래창조과학부	K-Global IoT 챌린지	IoT 기반 스타트업을 발굴하여 제품 양산 및 보안 내재화를 위한 전문가 컨설팅, IoT 글로벌 민관협의체의 기술 및 네트워크, 제품 개발 인프라 등을 제공하여 성공적인 사업화 지원	한국인터넷진흥원 홈페이지(www.kisa.or.kr)에서 제출서류 양식 다운로드 후 이메일 제출

주관부서	지원사업명	내용	신청 방법 및 문의처
고용노동부	사회적기업가 육성사업	사회적기업가로서의 자질과 혁신적인 사회적기업 및 소셜벤처 창업 아이디어를 보유한 창업자(팀)를 선발하여 사회적기업 창업의 전 과정을 지원	한국사회적기업진흥원 홈페이지(www.socialenterprise.or.kr)를 통한 온라인 신청
문화체육관광부	창업발전소 스타트업 지원	콘텐츠 분야 유망 스타트업을 발굴, 창업 초기에 필요한 체계적 지원(창작비, 입주 공간, 홍보, 투융자 연계 등)을 통해 중견 기업으로 성장 유도	한국콘텐츠진흥원 홈페이지(www.kocca.kr) 별도 공지 후 이메일 접수
문화체육관광부	창조관광사업 공모전	기존 관광산업과 연계한 창조성, 혁신성, 개방성, 기술성 등을 기반으로 새로운 가치와 시너지를 창출하는 관광형 벤처기업 발굴 및 육성	관광벤처사업 홈페이지(www.tourventure.or.kr)에서 온라인 접수

〈창업 선도대학 연락처〉

권역	대학	연락처	권역	대학	연락처
서울	건국대학교	02-450-4122	충청	한밭대학교	042-939-4783
	국민대학교	02-910-5917		호서대학교	041-540-9923
	동국대학교	02-2088-3737	영남	경성대학교	051-663-5904
	숭실대학교	02-828-7057		대구대학교	053-850-5572
	연세대학교	02-2123-4848		동서대학교	051-320-2071
	인덕대학교	02-950-7095		동아대학교	051-200-6365
경인	경기대학교	031-249-8664		부경대학교	051-629-7477
	단국대학교	031-8005-2866		경일대학교	053-600-4470
	성균관대학교	031-290-5566		계명대학교	053-620-2034
	인천대학교	032-835-9670		영남이공대학교	053-650-9474
	한국산업기술대	031-8041-0988		창원대학교	055-213-2825
강원	가톨릭관동대학교	033-649-7181	호남	순천대학교	061-750-5434
	강원대학교	033-250-8974		원광대학교	063-850-7474
충청	순천향대학교	041-530-4836		전북대학교	063-219-5534

권역	대학	연락처	권역	대학	연락처
충청	충북대학교	043-261-3237	호남	전주대학교	063-220-2850
	한국교통대학교	043-849-1701		조선대학교	062-230-7989
	한남대학교	042-629-8565	제주	제주대학교	064-754-2066

⑤ 정책자금

주관부서	지원사업명	내용	신청 방법 및 문의처
중소기업청	창업기업 지원자금 (일반창업자금)	우수 기술력과 사업성을 보유한 7년 미만의 창업기업을 대상으로 시설자금 및 운전 자금 지원(융자)	중소기업진흥공단 홈페이지(www.sbc.or.kr)에서 '자가진단 → 사전상담(방문 상담) → 온라인 신청'
중소기업청	창업기업지원자금 (청년전용창업자금)	우수 아이디어를 보유한 청년층에게 창업초기 자금 공급 및 창업컨설팅을 통해 창업 촉진 및 창업성공률 제고	
중소기업청	재창업자금	재창업을 준비 중 또는 재창업 후 7년 미만의 재창업기업을 대상으로 시설자금 및 운전자금 지원(융자)	
금융위원회	창업기업 보증 (신용보증기금)	창업기업이 금융회사 등에 부담하는 채무에 대한 보증 지원	신용보증기금 각 영업점 (1588-6565)
금융위원회	퍼스트펭귄형 창업기업 보증 (신용보증기금)	창업 3년 이내의 유망창업기업 중 미래성장성이 기대되는 기업을 '퍼스트펭귄형 창업기업'으로 발굴·선정하여 우대 지원하는 제도	신용보증기금 영업점을 통해 신청
중소기업청	기술창업기업 보증지원 (기술보증기금)	기술력을 기반으로 한 창업 활성화와 일자리 창출을 위해 창업기업에 대한 우대보증 지원	기술보증기금 각 영업점(1544-1120) 또는 홈페이지 (www.kibo.or.kr)

⑥ R&D

주관부서	지원사업명	내용	신청 방법 및 문의처
중소기업청	TIPS 프로그램 (민간투자주도형 기술창업 지원)	성공벤처인이 주도하는 엔젤투자사·기술대기업이 유망한 기술창업팀을 엄선하여 투자-교육-R&D-해외 마케팅 등 최대 10억 원을 투자·지원하는 고급 기술창업 프로그램	각 TIPS 운영사 홈페이지 및 사이버 팁스타운(www.jointips.or.kr)

주관부서	지원사업명	내용	신청 방법 및 문의처
중소기업청	창업성장 기술개발 (창업기업과제)	창업기업의 신기술·신제품 기술개발을 집중 지원하여 기술창업 활성화 도모, 매출액 증대 및 고용 창출 등을 통해 기업의 지속적인 성장기반 강화	중소기업청 기술개발사업 종합관리시스템(www.smtech.go.kr)을 통한 온라인 신청
중소기업청	창업성장 기술개발 (1인창조기업과제)	1인창조기업의 신기술·신제품 기술개발을 집중 지원하여 기술창업 활성화 도모, 매출액 증대 및 고용 창출 등을 통해 기업의 지속적인 성장기반 강화	
중소기업청	재창업 아이디어 신제품 개발사업	일반 R&D 사업에 선정되기 어려운 재기 중소기업의 창의성·혁신성 및 아이디어가 우수한 시제품 개발을 지원	
미래창조과학부	K-Global ICT유망기술 개발지원사업 (ICT창업·재도전기술개발지원)	ICT분야의 선순환적 벤처 생태계를 조성하기 위해 우수 아이디어와 신기술을 활용한 창업·재도전 사업화 기술개발 지원	정보통신기술진흥센터 홈페이지(ezone.iitp.kr)를 통해 온라인 접수 후 등록한 증빙서류 오프라인 제출(우편 또는 인편)
미래창조과학부	투자연계형 기업성장 R&D 지원사업 (구 산학연지역연계 중소기업 신사업 창출지원)	지역 중소·중견기업의 수요와 검증된 사업모델을 대상으로 기술기반 창업기업을 설립하여 미래 성장동력을 확보	투자연계형 사업 홈페이지(www.rndstartup.or.kr)를 통해 사업선정 공고 등 확인 후 필요서류 제출

⑦ 판로·해외 진출

주관부서	지원사업명	내용	신청 방법 및 문의처
중소기업청	글로벌 창업기업 발굴·육성 프로그램	창업 초기 단계부터 글로벌시장을 겨냥한 본글로벌(Born Global) 기업을 집중 지원하여 글로벌 창업스타 기업 육성	k-startup 홈페이지(www.k-startup.go.kr)를 통한 온라인 신청·접수
중소기업청	1인 창조기업 마케팅 지원사업	창의적 아이템을 보유한 1인 창조기업에 디자인 개발, 홈페이지·홍보영상 제작 등 마케팅을 지원하여 사업화 역량을 강화	
미래창조과학부	K-Global 해외진출 사업 (K-Global Go-To-Market Practice)	ICT 분야 우수 스타트업 및 벤처 기업의 글로벌 마켓 진출에 필요한 전문성 향상 교육 프로그램	B2G 홈페이지(www.born2global.com)에서 접수

주관부서	지원사업명	내용	신청 방법 및 문의처
미래창조 과학부	K-Global 해외진출 사업 (K-Global Go-To-Market 국내 데모데이)	유망 기술 및 아이디어를 보유하고 있는 ICT분야 창업자에게 국내 투자유치 기회를 제공하여 글로벌 진출 기반 제공	K-ICT 본투글로벌센터 발굴 및 육성팀
미래창조 과학부	K-Global 해외진출 사업 (K-Global Go-To-Market 컨설팅)	ICT 분야 스타트업의 해외 진출을 위한 법률, 회계, 특허, 마케팅 컨설팅 지원	K-ICT 본투글로벌센터 발굴 및 육성팀
미래창조 과학부	K-Global 해외진출 사업 (K-Global Go-To-Market 해외 데모데이)	ICT 분야 우수 스타트업 및 벤처 기업의 글로벌 마켓 진출을 위한 현지 시장 사업 개발 및 투자유치 활동 지원	
미래창조 과학부	데이터기업 해외진출 지원 (K-Global 데이터 글로벌)	수출 역량수준별 우수 중소·벤처 데이터 기업을 발굴, 맞춤형 지원체계를 통해 국산 데이터 기술(솔루션, 컨설팅, 서비스)의 해외 진출 원스톱 지원	한국데이터베이스 진흥원 홈페이지 (www.kodb.or.kr) 공지사항 참고
미래창조 과학부	K-Global 스마트모바일 스타기업 육성	유망 스마트 콘텐츠 기업을 발굴 육성하기 위한 제작 지원, 컨설팅, 해외 홍보 서비스, 서비스 인프라 등의 프로그램 지원	정보통신산업진흥원(www.nipa.kr)을 통한 온라인 신청 (예정)

⑧ 행사·네트워크

주관부서	지원사업명	내용	신청 방법 및 문의처
중소기업청	창조경제 벤처 창업대전	창업·벤처인이 함께 창업분위기 및 벤처열기 확산을 통해 창조경제 실현을 다짐하는 교류의 장 구현	K-스타트업 (www.k-startup.go.kr)에서 온라인으로 신청·접수
중소기업청	대한민국 창업리그	우수 창업 아이템 및 아이디어를 갖춘 (예비)창업가를 발굴·지원하여 창업 저변 확대 및 창업 붐 조성	
특허청	대한민국 지식재산대전	특허, 디자인 상표 등 우수 지식재산권 관련 제품(기술)의 전시 및 유통지원	특허청 산업재산정책과

⑨ 기타 사업

주관부서	지원사업명	내용	신청 방법 및 문의처
중소기업청	상생서포터즈 청년창업 프로그램	대기업과 정부가 공동으로 청년창업 상생기금을 조성하고, 대기업 퇴직인력 및 글로벌 시장전문가를 활용하여 최대 3년간 성장 잠재력이 있는 창업기업의 해외 진출활동 지원	대·중소기업협력재단 상생창업지원부
중소기업청	SK 청년비상 프로그램	우수한 창업교육, 동아리 보육 인프라를 갖춘 대학을 '주관기관'으로 지정하여 창업 교육부터 사업화, 해외 진출까지 단계별 지원	창업진흥원 SK청년비상팀
중소기업청	무한상상 국민창업 프로젝트	일반 대중의 전문 운영기관(아이디어 오디션)이 아이디어의 구체화·제품화 및 마케팅 등을 지원하여 아이디어 사업화·창업 촉진	아이디어 오디션 홈페이지(www.ideaaudition.co.kr)를 통한 온라인 신청
중소기업청	대학 기업가센터	기업가정신 함양 및 대학의 다양한 창업 수요를 지원하기 위해 학내조직(연구소, 컨설팅, 교육 등)의 기능을 통합하고 교육부터 실전 창업까지 총괄 지원하는 창업 전담조직 구축	창업넷(www.k-startup.go.kr)을 통한 온라인 신청
중소기업청	엔젤투자매칭 펀드	창업 초기기업이 엔젤투자자로부터 투자를 받은 경우, 정부에서 기 투자 금액만큼 추가 투자	엔젤투자지원센터(www.kban.or.kr)에서 신청서 접수
중소기업청	청년창업펀드	민간운용사가 운용하는 벤처펀드를 통해 유망한 청년창업기업에 투자	
중소기업청	예비창업자 사전보증 (기술보증기금)	우수기술 보유 예비 창업자의 창업자금 조달 가능성을 창업 준비단계에서 예측할 수 있도록 하여 '준비된 창업'을 통해 성공창업 지원	기보 홈페이지(www.kibo.or.kr) 내 신청서식 참조
중소기업청	시니어창업지원 (지역신보)	중장년층의 창업을 촉진·지원을 위하여 지역 신용보증재단의 보증 지원을 통하여 창업자의 원활한 자금활동 지원	전국 16개 지역신용보증재단
미래창조과학부	우주기술 기반 벤처창업 지원 및 기업역량 강화(STAR-Exploration) 사업	우주기술 기반 창업·신사업 아이디어를 공모하여 체계적 지원을 통해 스타 창업가 및 스타기업 육성	KARI 창조경제 기업지원 시스템(karipartner.kari.re.kr)
미래창조과학부	연구개발특구 육성(R&D)-이노폴리스 캠퍼스	특구 거점 대학을 활용하여 예비 창업자의 아이디어 발굴, 창업 아이템 검증 및 투자 연계를 통해 질 높은 창업 유도	연구개발특구 사업관리시스템 홈페이지(pms.innopolis.or.kr)에서 온라인 접수
특허청	지식재산기반 차세대영재 기업인 육성사업	창의성이 뛰어난 소수 정예의 중·고등학생 발명영재를 향후 신성장산업을 창출할 지식재산 기반 영재기업인으로 육성하기 위한 교육 지원	창업넷(www.k-startup.go.kr) 및 시도교육청·학교 공고

주관부서	지원사업명	내용	신청 방법 및 문의처
특허청	생활발명코리아	창의적 여성의 아이디어로 상품화가 용이한 생활발명을 발굴, 지식재산권 출원 및 시제품 제작 지원	생활발명코리아 사이트(www.womanidea.net) 회원가입 후 아이디어 등록

(2) 지방자치단체의 지원사업

서울

지원사업명	내용	신청 방법 및 문의처
챌린지 1000 프로젝트	청년층 우수 사업 아이템 보유자를 선발하여 창업 공간, 교육, 자금 제공	서울산업진흥원 홈페이지 통해 지원, 서면, 면접심사
서울 글로벌 창업센터	외국인의 국내 창업 및 국내 스타트업의 해외 진출을 지원	서울특별시 창업지원과
대학가 주변 창업거점센터	대학생·청년층 밀집지역인 대학가 주변에 창업거점센터를 조성하여 창업에 대한 접근성 제고 및 청년 창업활성화에 기여하고자 함	서울특별시 창업지원과
지하철 역사 창업거점센터	지하철 역사 내 창업공간을 운영하여 예비 창업자 및 창업자들의 소통공간과 창업 관련 정보, 창업 컨설팅, 생산된 제품 이미지 촬영, 홍보물 제작 등 서비스 제공	서울시창업센터 홈페이지의 시설예약 메뉴 이용, 창업지원과 내방
서울시 시제품제작소	초·중·고생부터 대학생, (예비)창업가, 일반시민 누구나 아이디어만 있으면 시제품 제작을 할 수 있는 환경 제공, 메이커 문화 확산	서울특별시 창업지원과

부산

지원사업명	내용	신청 방법 및 문의처
부산 창업지원센터	예비 창업자를 모집하여 창업 공간, 교육, 창업 사업화 자금, 컨설팅, 마케팅, 창업특례 자금 등 원스톱 창업 지원	부산광역시 창업지원과
청년창업 특례자금	청년창업 지원센터 수료 및 입주업체 대상으로 초기창업 및 경영안정 필요자금 지원	부산광역시 창업지원과

지원사업명	내용	신청 방법 및 문의처
대학 창업동아리	미래의 산업역군을 배출하는 대학가에 벤처기업 창업분위기를 조성 및 창업활동 장려	부산테크노파크 지역산업육성실 산학협력팀
1인 창조기업 비즈니스 지원센터	1인 창조기업에 대한 사무 공간 제공, 세무·회계·법률 관련 전문가 상담, 전문교육 등 경영지원 및 사업화 지원	부산정보산업진흥원 ICT 신사업단
부산창업카페	창업에 관심 있는 일반인 및 (예비)창업자가 자유롭게 네트워킹할 수 있는 공간 및 시설 제공과 창업에 필요한 컨설팅, 각종 교육, 행사를 제공하는 소통 공간 운영으로 창업 생태계 조성	(재)부산경제진흥원 창업성장지원센터
센텀기술창업센터 (CENTAP)	유망 창업기업을 유치·육성을 통한 창업생태계(투자-성장-회수) 조성	부산테크노파크 지역산업육성실
부산 모바일앱센터	민·학·산·관이 공동 참여하는 '부산 모바일 앱 센터' 구축·운영으로 모바일 앱 개발 전문인력 양성 및 1인 창조기업 창업 활성화	부산광역시 ICT융합과
여성창업지원센터	창업 희망 여성에게 유용한 지식과 정보 제공을 통한 여성창업 활성화 및 여성경제 활동 참여 기회 확대	부산 여성회관 051-610-2014

대구

지원사업명	내용	신청 방법 및 문의처
청년창업지원사업	우수한 사업 아이템을 가진 청년 예비창업자를 발굴 창업지원기관의 '창업인프라(전문 인력, 공간 등) 및 창업활동 지원프로그램'을 활용하여 예비 창업자의 창업지원	(재)대구디지털산업진흥원 ICT청년창업지원센터
대구엔젤투자 매칭펀드	대구지역 엔젤투자자 및 엔젤클럽 육성을 통한 창업활성화 기반을 구축하고 건전한 벤처 생태계 선순환 환경 조성	엔젤투자지원센터 홈페이지(www.kban.or.kr)에서 온라인 신청(매월 25일 이내) 후 지역엔젤관리기관(대구 테크노파크) 서류제출
여성회관 창업보육센터	여성 창업활성화 및 창업 성공률 제고를 위하여 여성 예비창업자 및 초기 창업자에게 맞춤형 지원시책 제공	공개입주 모집(www.daegu.go.kr/women) → 방문·우편접수 → 심사·선정 → 입주 → 창업 지원

광주

지원사업명	내용	신청 방법 및 문의처
청년 예비창업가 발굴·육성 사업	일자리 창출형 창업 가능한 예비 창업자 육성	(재)광주테크노파크
기획창작스튜디오 창업보육프로그램	기획창작스튜디오 운영지원사업 지원업체 및 예비 창업자 대상 마케팅 경영 교육	광주광역시 문화산업과
벤처기업육성 자금 지원	우수한 기술력과 사업성이 있으나 자금력이 부족한 벤처기업 등에 자금을 지원하여 벤처기업 활성화 및 경쟁력 강화	광주광역시 기업육성과

인천

지원사업명	내용	신청 방법 및 문의처
창업보육센터 지원	우수 기술력을 보유한 예비 창업자 및 사업화 능력이 부족한 신규창업자에게 입주 공간 지원과 사업화(경영·기술·마케팅 등) 지원	인천광역시 경제정책과

대전

지원사업명	내용	신청 방법 및 문의처
맞춤형 청년창업 생태계조성사업	대학 및 청년, 초기기업 등의 체계적인 창업을 지원하여, 창업생태계 구축 및 창업 활성화를 통한 일자리 창출 및 지역경제 활성화 기여	(재)대전경제통상진흥원 기업지원부 창업지원팀
대덕벤처기업육성촉진지구 경쟁력강화사업	벤처기업의 집적화와 기업·기업 간, 기술·기술 간 교류에 기반한 네트워킹 강화 등 벤처생태계 조성	(재)대전테크노파크 지역산업육성실 사업화지원팀

울산

지원사업명	내용	신청 방법 및 문의처
청년 CEO 육성	청년실업 극복 일환으로 청년들의 새로운 일자리 모델을 창출하고 청년들에게 도전의식 함양과 창업기회 제공	울산경제진흥원 청년창업센터

지원사업명	내용	신청 방법 및 문의처
제조업 창업공간 톡톡팩토리 조성·운영	초기 창업에 어려움을 겪고 있는 냄새, 소음, 먼지를 유발하는 제조업종 창업자들에게 창업을 통한 청년 일자리 창출과 제조업종 분야의 창업 사업화 지원	울산경제진흥원 청년창업센터
1인 창조기업 비즈니스센터 운영	타 업종에 비해 경제적 부가가치 및 일자리 창출이 높은 '1인 창조기업'의 사업 경쟁력 강화와 전략적 육성을 위한 창업 지원	울산광역시 창업일자리과
지식기술 청년창업 지원사업	청년CEO육성사업 과정을 수료한 창업자(예비 창업자) 및 기타 우수 기술 보유 예비 창업자에 대한 창업 전문 지원 사업 수행	울산테크노파크 기업지원단 기업육성팀
창업스타기업 육성사업	울산광역시 창업지원사업을 통해 발굴한 창업기업 및 관내 우수기술보유 창업기업 중 유망중소기업으로의 성장 가능성을 보유한 기업에 대한 집중 지원을 통해 울산 창업지원시스템 대표 기업 성공스토리 창출	울산테크노파크 기업지원단 기업육성팀
창업보육센터 운영지원	기술력은 있으나 자금 등 사업화 능력이 부족한 예비 창업자를 위하여 저렴한 비용의 창업 공간, 장비 지원 및 교육 기술특허 등의 종합정보 제공	울산광역시 창업일자리과
테크숍 운영	대학생, 일반인의 3D프린팅 분야 창업교육 및 장비 이용으로 3D프린팅 분야 창업 활성화 및 일자리 창출	울산대학교 산학협력단 산학지원팀
스마트벤처 창업학교 운영지원	앱, 콘텐츠, SW 융합 등 ICT를 기반으로 하는 유망 지식서비스 분야의 실전 창업 및 성장 지원	울산대학교 산학협력단

경기

지원사업명	내용	신청 방법 및 문의처
예비창업 프로그램 운영지원	창의적이고 혁신적인 창업아이디어를 발전시키고, 경험과 기술 공유·융합하는 창업 공간 운영	경기중소기업종합지원센터 창업팀(G-베이스캠프)
대학생 융합기술 창업지원	차세대융합기술원의 보유자원을 활용하여 도내 대학(원)생을 대상으로 우수한 창업 아이디어를 발굴하여 창업을 지원	차세대융합기술원 성과확산팀
창업프로젝트 추진	경기도내 우수 아이템과 기술력을 발굴하여 사업화 지원, 멘토링, 교육 등을 통해 창업 활성화 지원	이지비즈사이트(www.egbiz.or.kr) → 창업지원 사업공고

지원사업명	내용	신청 방법 및 문의처
기술이전 창업지원	정부 R&D 성과 활용 제고를 위해 정부나 연구소, 대학 보유 우수 기술 중 미활용 기술 창업자(예비 창업자)에게 이전하여 창업자의 창업기술 아이템 제공을 통해 기술 창업 활성화	경기도 기업지원과 창업지원팀
창업기업 글로벌사업화 지원	전문 액셀러레이터를 통해 우수한 기술력과 사업성을 갖춘 창업기업을 발굴하여 글로벌 시장에 진출할 수 있도록 지원	경기테크노파크 전략사업육성팀
청년 해외 역직구 창업지원	e-커머스(전자상거래)를 이용한 국내제품의 해외수출 아이디어를 가진 청년 창업자를 발굴하여 창업할 수 있도록 지원	경기중소기업종합지원센터 창업팀
창업보육센터 운영지원	인적, 물적, 기능적 인프라가 풍부한 대학 및 연구소 내 창업보육센터 입주기업의 컨설팅, 판로개척, 경영·기술 지원 등 전략적 지원으로 창업성공률 제고	창업보육센터별 공고 및 Bi-Net(www.bi.go.kr) 공고 후 메일 접수
1인 나노분야 창조기업지원	경기도내 상상력과 창의성을 가진 1인 나노분야 창조기업이 초대형 연구시설인 한국 나노기술원을 거점으로 일자리 창출로 지역경제 활성화	한국나노기술원 나노기업지원센터
경기도 중소기업육성자금	도내 중소기업과 소상공인의 건전한 육성과 경쟁력 강화를 통해 지역경제 활성화를 도모	경기신용보증재단
경기문화창조허브 운영	콘텐츠 산업의 청년창업 활성화를 통한 창조산업 육성 및 수요자 중심의 창업 선순환 생태계 조성	경기문화창조허브 홈페이지(www.ggihub.or.kr)
광교 경기문화창조 허브 운영	문화와 기술이 융·복합된 콘텐츠산업 육성을 통해 창조경제 견인, 문화기술(CT) 기반 융합콘텐츠 창업 및 일자리 창출 지원	광교 경기문화창조허브 홈페이지(www.gghub.or.kr)
북부 경기문화창조 허브 운영	경기북부 융합콘텐츠(제조업+디자인+스토리) 분야 창업지원을 통한 일자리 창출, 융합콘텐츠와 경기 북부 제조업 간 다양한 협업 프로젝트 발굴 및 창작, 개발 지원	북부 경기문화창조허브 홈페이지(www.meothub.or.kr)를 통해 신청 접수
여성창업지원	창업전문교육과 컨설팅 등 정보제공을 통해 여성창업인 역량 강화	경기도북부여성비전센터 교육팀

강원

지원사업명	내용	신청 방법 및 문의처
창업 및 경쟁력 강화지원 자금 지원	기업의 경쟁력 강화와 지역경제 활성화 기반 구축	강원도 및 강원도산업경제진흥원 홈페이지 중기자금 융자계획 공고 참조
창업초기지원자금 지원	기업의 경쟁력 강화와 지역경제 활성화 기반 구축	강원도 및 강원도산업경제진흥원 홈페이지 중기자금 융자계획 공고 참조

지원사업명	내용	신청 방법 및 문의처
청년창업프로젝트	참신한 아이템과 신기술을 보유한 예비·초기창업자에 대한 단계별 창업지원을 통해 안정적인 일자리 창출기반 확충 및 청년실업 해소	강원도 기업지원과 창업지원팀
청년창업프로젝트 사후관리	청년창업 프로젝트 졸업 기업을 대상으로 지속적인 사후관리를 통하여 창업 성공률 향상 도모	강원도 기업지원과 창업지원팀
창업보육센터 특화운영 지원	사업화 능력이 미흡한 예비·신규창업자의 보육으로 창업 촉진, 센터별 특화업종의 차별화된 보육을 통한 다종의 창업기업 육성	강원도 기업지원과 창업지원팀
창업선도대학 육성	우수한 창업지원 인프라를 갖춘 대학을 '창업선도대학'으로 지정하여 창업교육부터 창업아이템 발굴 및 사업화, 후속지원까지 패키지식 지원을 통해 대학을 창업의 요람으로 육성	강원도 기업지원과 창업지원팀
강원 엔젤투자매칭펀드 운용	창업 초기기업에 자금 투자를 통해 조기안정화 및 성공창업 유도	엔젤투자지원센터 www.kban.or.kr
중소기업지원 펀드 운용	도내 유망 기업 발굴 및 투자, 사후관리 지원을 통해 기업의 성장을 지원	강원창업투자회사 : (주)안강벤처투자, 세종벤처파트너스
대학생 창업캠프 및 창업경진대회 개최 지원	강원 지역 창업 활성화를 목적으로 창업캠프 및 창업경진대회를 개최하여, 기업가정신 함양을 통한 미래 기업가 양성 및 일자리 창출 등 도내 대학생 창업 활성화 분위기 제고	강원지역 창업보육매니저협의회
창업동아리 활성화 지원	우수 창업동아리를 지원, 예비 창업자로 육성하여 청년층의 창업 활성화 및 일자리 창출	강원도 기업지원과 창업지원팀
아이디어 팩토리 운영지원	다양한 창업아이디어를 도출하여 구현해볼 수 있는 시스템 구축을 통해 창의적 아이디어 발굴 및 성공창업을 지원	한라대학교 아이디어팩토리

충남

지원사업명	내용	신청 방법 및 문의처
청년CEO500 프로젝트	창업을 원하는 도내 만 18~39세 청년층(1년 미만 기창업자, 도내 소재 대학교 재학생)에게 창업과 관련된 교육, 창업활동비, 창업지원비 및 창업보육시설 제공 등	충청남도 경제산업실 경제정책과 일자리정책팀
사회적기업 발굴 육성	지역 실정에 맞는 (예비)사회적기업 육성으로 취약계층 등 일자리 창출	사회적기업통합정보시스템(www.seis.or.kr)을 통해 신청
창업보육센터지원	예비 창업자 및 창업초기 기업의 안정적인 창업성공을 높혀 지역경제발전 및 국가균형 발전을 도모	충청남도 경제산업실 전략산업과 지식산업팀

전북

지원사업명	내용	신청 방법 및 문의처
창업 꿈나무 사업화 지원	도내 고교·대학생 개인 및 창업동아리의 창의적인 창업 아이템을 발굴하여 사업화 지원을 통한 창업 활성화 유도	전라북도 일자리경제정책관실 창업지원팀
4050 행복 창업 프로젝트	퇴직 이후 창업을 희망하는 4050세대 예비 창업자를 대상으로 체계적인 창업 역량 강화 교육을 통해 성공적인 창업을 유도하고, 창업자에게 양질의 서비스를 제공하여 Restart-up의 기회 제공	전북경제통상진흥원 교육지원팀
창업기업 양성 프로젝트 (기술기반창업)	제조업 기술창업은 시설, 자금, 기술 등의 소요로 실제 창업이 불투명하고 완전 창업까지 지원에 한계가 있어 창업 교육과 자금지원, 창업공간을 제공하는 통합적인 창업 패키지 제공의 유형별 맞춤형 지원 필요	전북테크노파크 지역산업육성실
창업기업 양성 프로젝트 (지식서비스 분야)	지속적 청년 점포창업 교육수요 발생에 따른 전략적 창업 교육 지원으로 지속 성장형 지식기반 서비스창업 유도	전북경제통상진흥원 교육지원팀
창업보육센터 운영 및 입주기업 지원	창업초기기업 및 예비 창업자의 보육지원을 통해 경쟁력 강화와 경영안정으로 성공률을 높이고 창업 활성화 도모	전라북도 홈페이지, 창업넷 모집공고

전남

지원사업명	내용	신청 방법 및 문의처
대학 벤처동아리 육성 지원	대학생들의 우수 창업 아이템을 발굴하여 사업화를 유도하고 창업마인드 함양을 통한 청년 창업 활성화 도모	전남도청 일자리정책실
창업선도대학 육성사업	우수한 창업지원 인프라를 갖춘 대학을 '창업선도대학'으로 지정하여 (예비)창업자를 대상으로 창업교육부터 창업 아이템 발굴 및 사업화, 후속지원까지 패키지식 지원	순천대 창업지원단에 온라인 신청
대학 창업보육센터 지원	사업화 능력이 미흡한 예비·신규 사업자에게 입주공간 제공 및 경영, 기술, 마케팅 등의 지도로 성공 기업으로 육성	전남도청 일자리정책실
전남 1인 창조기업 비즈니스센터 지원	창의성과 전문성을 갖춘 1인 창조기업에 대한 종합적인 지원을 통해 지역경제 활성화 도모	전남TP (1인 창조기업 비즈니스센터)
창업보육센터 운영 및 입주기업 지원	창업초기기업 및 예비 창업자의 보육지원을 통해 경쟁력 강화와 경영안정으로 성공률을 높이고 창업 활성화 도모	전라북도 홈페이지, 창업넷 모집공고

경북

지원사업명	내용	신청 방법 및 문의처
청년CEO육성 지원사업	기술·지식·일반분야 우수창업가 선발 및 양성	경상북도 청년창업과

경남

지원사업명	내용	신청 방법 및 문의처
창업기업 신규고용인력 보조금 지원	중소기업의 신규고용에 따른 자금 지원을 통해 적극적 고용창출 유도, 보조금 지원을 통한 지방기업 자금난 해소 및 투자 활성화	경상남도 기업지원단
경남 국방벤처센터 운영	유망 중소·벤처기업을 발굴·집적하여 맞춤형 기술자문 및 경영 컨설팅을 통한 군납사업 지원	국방기술품질원 (경남국방벤처센터)
경남 창업보육센터 운영 지원	예비 창업자, 창업 후 3년 미만 입주업체를 대상으로 기술사업화, 마케팅 및 컨설팅을 통한 성공적인 창업 지원	(재)경남테크노파크 ICT진흥센터
지역 창업보육센터 운영 지원	창업초기 기업의 보육·성장지원, 영세 중소·벤처기업의 창업촉진을 통한 지역경제 활성화 및 고용 창출	경상남도 국가산단추진단
경남 청년창업 아카데미 운영	우수한 사업아이템을 가진 청년 예비 창업자를 대상으로 청년창업 전문과정 운영 및 창업 지원	경상남도 고용정책단

경북

지원사업명	내용	신청 방법 및 문의처
중소기업 창업 프로그램 운영사업	예비 창업자를 대상으로 창업 전문화교육 및 창업비용 등 체계적 지원을 통해 안정적 창업환경을 조성하고 성공창업 유도	제주특별자치도 경제산업국 기업지원과
창업 및 경쟁력 강화 지원자금	제주 중소기업의 창업에 따른 시설 및 운전자금 지원	제주신용보증재단
창업 아이템 기술개발 지원	청년·대학생의 동아리 활동을 통해 참신하고 창의적인 기술 아이템을 발굴, 기술 창업 사업화 지원	제주특별자치도 경제통상진흥원
창업선도대학 육성지원	창업교육 및 창업동아리 활동지원 등 지역의 창업거점 기관 육성, 창업역량 강화 및 창업분위기 조성을 통한 실질적인 일자리 창출	제주대학교 창업지원단

지원사업명	내용	신청 및 문의처
창업보육센터 입주기업 역량강화 지원	창업초기 창업보육센터 입주기업에 대한 기술개발, 마케팅 및 사업화 컨설팅 지원을 통해 안정적 성장 및 경쟁력 강화	제주특별자치도 기업지원과
향토자원 활용형 창업지원	지역 내 향토자원의 발굴활용 및 산업화를 위해 예비 창업자, 창업초기기업에게 기술 개발, 마케팅 등 창업지원으로 도내 중소기업의 지속적 성장 촉진	제주특별자치도 경제통상진흥원 방문 접수

세종

지원사업명	내용	신청 방법 및 문의처
창업보육 지원	창업기업에 사업화 지원을 통한 자립기반 조성 지원 및 예비 창업자 발굴·육성 지원	세종특별자치시 일자리정책과
중소기업 육성자금지원	세종시 소재 중소기업의 창업 및 투자 활성화를 위한 초기 자금 지원으로 안정적인 조기 정착 도모	충남경제진흥원 우편 또는 방문 접수